超级话题营销

甄妙 著

机械工业出版社
CHINA MACHINE PRESS

面对竞争日益激烈的消费市场，如何扩大影响力将产品卖出去？

面对不断涌出的各类新媒体平台，如何有效利用且进行裂变传播？

面对接连不断的热点新闻，如何巧妙连接借为己用？

在新媒体的战场上，小公司如何扬长避短地制造营销大事件，用"土枪土炮"赢过4A公司的"精良装备"？

作为"不懂为什么""通过朋友圈请江南春吃饭"等多个营销事件的策划人，本书作者总结了一套独特却实用的营销方法论——4F超级话题营销法，所谓4F，即发射（Fire）、裂变（Fission）、发酵（Fermentation）、效果（Fine）。作者结合近年来的话题营销案例，深度拆解、复盘整个话题营销的运作过程，对于刚踏入营销行业的初学者或者急需转型的行业老兵，本书都是非常值得阅读的书籍。

图书在版编目（CIP）数据

超级话题营销/甄妙著. —北京：机械工业出版社，2022.1

ISBN 978-7-111-70006-7

Ⅰ.①超⋯　Ⅱ.①甄⋯　Ⅲ.①市场营销学　Ⅳ.①F713.50

中国版本图书馆CIP数据核字（2022）第013425号

机械工业出版社（北京市百万庄大街22号　邮政编码100037）

策划编辑：解文涛　　　　　责任编辑：解文涛　刘　洁

责任校对：李　伟　张　薇　责任印制：李　昂

北京联兴盛业印刷股份有限公司印刷

2022年2月第1版·第1次印刷

145mm×210mm·7.375印张·3插页·137千字

标准书号：ISBN 978-7-111-70006-7

定价：69.80元

电话服务	网络服务
客服电话：010-88361066	机　工　官　网：www.cmpbook.com
010-88379833	机　工　官　博：weibo.com/cmp1952
010-68326294	金　书　网：www.golden-book.com
封底无防伪标均为盗版	机工教育服务网：www.cmpedu.com

前　言

说起营销这件事，我还是在公司亏损并且负债了几百万元以后才开始做的。因为欠的钱太多，我走出了传统媒体的范畴，以帮助别人策划事件营销而谋生，而我的第一个起死回生的案例就是这么做出来的。

当时我用了不到 1 000 元的成本，把一个在试营业期间就已经严重亏损的酒吧挽救了回来，帮助这个酒吧一小时赚了几十万元。因为这个案例，很多濒临倒闭的企业找上了我，曾经有一段时间我还被业内同行戏称为"濒临破产公司之友"。

直到 2014 年，我开始尝试把新媒体与传统媒体进行嫁接，策划了《南宁晚报》头版营销的案例，这个案例当时席卷了整个南宁的地产界和广告界。在小范围取得成功后，我又把这个模式复制到《深圳晚报》上，这才有了后来被大家熟知的"不懂为什么"体。

再后来，找我的人越来越多，我也终于摘掉了"濒临破产公司之友"的帽子，开始有一些大型企业找我策划事件营销。这其中的每一个作品，我都视若珍宝。

做好一个话题营销需要天时、地利、人和，我把它归结为道、天、地、将、法。这里的"道"就是"人性"，你所做的营销要符合人性;"天"是时机,在什么时候做什么事很重要;"地"是资源,做营销前你要确保有足够的资源;"将"是人,你要有高效的团队;最后是"法",即采取的具体方法。

在互联网行业,一切都瞬息万变,我不推荐996工作制,但我知道在我的生命周期内,在什么阶段我需要做什么。曾经有一个员工问我:"老板,你是如何做到每天像机器人一样工作而不知疲倦的?"我没有正面回复她,而是给她算了一道计算题。她每天从早上9点到晚上6点工作,而我每天晚上6点下班后到晚上12点都在想着怎么让我的公司、我的产品更好,我在不断学习、解决问题,那我每天就比她多花费6个小时用于个人提升。周末她在家里休息,享受难得的私人时光,而我有时候去参会、做分享,同时也听别人分享。10年下来,我大概比她多花费了2万个小时用于个人成长。

"几乎任何一个领域的世界级水平都需要起码1万个小时的训练。"很多人质疑这个理论,说不靠谱、不准确,在我看来那都是认知上的偏差,在一个领域里钻研1万个小时,和你在一个领域或者多个领域来回切换混日子的1万个小时,能一样吗?我的2万个小时,会让我有多大的提升?时间对每一个人来说都是公平的。有本书中这样写道:"就算没有天分,只要你愿意每天花一点时间,做同样的一件事情,不知不觉间,你就会走得很远。"这10年来,我质疑过自己,也失败过、崩溃过,但我从来没有中断过学习,因为我相信时间累积的力量。

从2016年的"不懂为什么"体，到2018年的"梁诗雅"事件、"通过朋友圈请江南春吃饭"，再到2019年的"用一条朋友圈换兰博基尼"等，我接连策划了一系列话题营销。

从最早期的爆文刷屏，到后来的H5页面刷屏，再到后来的知识付费和各种眼花缭乱的营销刷屏，不论玩法怎么变，营销的底层逻辑都是不变的，我们只需要在每次营销的时候设计好不同的"展现形式"，就可以源源不断地制造话题。我在很多场合分享过我的营销方法论，希望能帮助企业或营销人，但我一天只有24小时，就算能72变，我也没办法同时完成更多的策划案。于是我想将这十几年来的经验集结成书，分享给大家。

最后，希望大家能在阅读本书时有所收获，策划出刷屏级营销案例。

目　录

前　言

第 1 章　社交网络时代的传播逻辑 / 001

1.1　营销革命 / 002

1.2　传统媒体、社交媒体、社交网络 / 005

1.3　社交网络营销的极端力量 / 010

1.4　社交网络上的超级话题营销 / 021

1.5　误区：社交网络营销"翻车"事件 / 026

第 2 章　超级话题营销概述 / 031

2.1　话题就是营销的生产力 / 032

2.2　超级话题营销的四种形态 / 033

2.3　超级话题营销的两个特征 / 039

2.4　超级话题营销的五个简约法则 / 044

第 3 章　如何打造超级话题 / 049

3.1　超级话题的两个基本条件 / 050

3.2　超级话题生成法 / 051

3.3　超级话题背后的六大驱动力 / 059

3.4　超级话题营销的策划技巧 / 062

3.5 超级话题营销的传播策略 / 069

3.6 超级话题的设计误区 / 077

第 4 章　4F 超级话题营销法 / 087

4.1 什么是 4F 超级话题营销法 / 088

4.2 发射 / 089

4.3 裂变 / 094

4.4 发酵 / 100

4.5 效果 / 109

第 5 章　超级话题营销的四大应用 / 117

5.1 事件营销 / 118

5.2 借势营销 / 124

5.3 裂变营销 / 136

5.4 战略话题营销 / 152

第 6 章　超级话题营销的冷启动和热启动 / 159

6.1 超级话题营销的三种驱动逻辑 / 160

6.2 冷启动法 / 166

6.3 热启动法 / 171

6.4 裂变工具 / 176

第 7 章　超级话题营销的禁忌 / 179

　　7.1　低俗禁忌 / 180

　　7.2　伦理禁忌 / 183

　　7.3　文化禁忌 / 184

第 8 章　案例复盘 / 187

　　8.1　《南宁晚报》的表白事件 / 188

　　8.2　《深圳晚报》的"不懂为什么，就是突然想打个广告" / 190

　　8.3　"梁诗雅"事件 / 193

　　8.4　通过朋友圈请江南春吃饭 / 200

　　8.5　用一条朋友圈换兰博基尼 / 202

　　8.6　百万乙方云提案 / 209

　　8.7　百年糊涂大牌广告 / 219

第 1 章

社交网络时代的传播逻辑

1.1 营销革命

营销理论发展至今,已经发生了巨大的变化,消费者也从最初被动接收广告的主体,逐步变成可沉淀的数据、品牌资产,企业和消费者相互赋能,最终变成一个共生的合体。这种转变,有理论不断完善的驱动,但更多的是技术发展导致传播环境、传播机制发生了巨大的变化。

"现代营销学之父"科特勒曾将营销分为1.0、2.0、3.0及4.0。

营销1.0以产品为导向,"不是看消费者要什么,而是我有什么,你买什么",其始于工业革命时期,当时的营销就是把生产出来的产品提供给有支付能力的人。在这种情况下,企业会尽可能地扩大规模,生产标准化产品,不断降低生产成本,从而以低价格来吸引消费者。

营销2.0是以消费者为导向,"你缺什么,我卖什么",营销的目标是满足消费者的需求。

营销3.0是价值驱动型营销。科技进步和生产力的提升使消费者对物质的需求得到充分满足,消费者转而开始追求高品质并且特别的产品,营销进入了比拼创意和内容的3.0时代,个性化和品牌就是这个阶段的产物,消费者开始逐渐接受品牌消费。

营销4.0是消费者导向的进一步升级,将消费者数据化、标签化。从淘宝的千人千面到今日头条的精准推送,消费体验从"你要什么"变成"我懂你要什么"。这个阶段一直延续到现在,其背景是随着移动互联网及新的传播技术的出现,大数据可以将每个人的行为、画像标签化和数据化,从而让商家实现精准投放。

从商品供应短缺的20世纪80年代到信息爆炸的21世纪前10年,再到现在的"注意力"经济时代,营销环境变了,消费体验变了,连接商家与消费者的渠道也发生了变革。

在营销4.0时代,产品信息高度透明化,消费者不再依赖于单一的商家广告来获取产品信息、筛选产品,而是通过各种社交网络渠道去了解产品。每一个用户都有他自己的社交关系网,所以每一个用户既是消费者又是内容生产者还是传播者,一个拥有超大流量的KOL(关键意见领袖)的传播势能甚至超过品牌官方的影响力。

同时基于移动互联网的社交网络的出现极大地改变了人们的沟通方式,传统灌输式的中心化媒体被无数更小的自媒体取代,信息传播呈现碎片化、去中心化的特征。消费者的话语权获得了空前的加强,因此企业将营销的中心转移到如何与消费者积极互动上面,尊重消费者作为"主体"的价值观,让消费者更多地参与到营销价值的创造中来。

社交网络打破了空间壁垒，让交易过程的触点变得越来越短，也越来越精细。

在传统营销模式中，品牌与消费者基本上是没有关联度的。社交网络的变革颠覆和重构了很多原有的信息传播和信息触达方式，使人人都成了自媒体，通过抖音、B站、快手、小红书等，无数消费者变成注意力的生产者。每个普通消费者都在吸引其他消费者的注意力。

营销的目的不是获取注意力与流量，而是打通线上、线下，形成品牌自己的价值闭环。当前，品牌对用户不再是单向的价值输出，二者是一种合作关系。这样的强连接才是新营销的核心。未来不会有纯线上或纯线下的品牌，品牌的线下门店不会消失，而是会成为流量的重要入口之一。在一个品牌的建设前期，线下门店是不可替代的，它可以直观地解决品牌认知问题。而线上的互动为品牌认知和交易赋能。线上、线下形成了一个联系紧密、互为依赖的共生系统。

品牌需要为营销升级下的消费者提供"全天候、全场景、全体验"的消费模式。消费者更需要突显个性化、适合自己的产品，一旦产品满足了他们的参与感、仪式感和成就感，他们会自发地在自己的圈层进行宣传，从而影响更多的消费者。

这种变化带来的是一次营销革命，基于社交网络的超级话题营销应运而生。

1.2 传统媒体、社交媒体、社交网络

在传统媒体中，信息是单向传播的，传播范围有限。而社交媒体的核心是传播与被关注，话题只有被传播，才有价值，传播只有被关注，才能实现其价值。

社交媒体的出现为信息传播提供了更高效的途径，让话题与观点不再是某个门户或者新闻网站的专利，其背后可以是任何一个主体，话题与观点也变得更容易传播及更多样。

顾名思义，社交网络就是网络+社交。基于社交网络衍生出大量的社交媒体，即互联网上基于用户关系的内容生产与交换平台，现阶段社交媒体主要包括微博、微信、博客、论坛、抖音、快手等，已经成为当前人们主要的信息获取渠道。

与以报纸、广播、电视、电影等为主的传统媒体的中心化编辑和分发不同，社交媒体的内容可由用户编辑和分发，呈现圈层化、碎片化的特点。

社交媒体和传统媒体的明显区别如下。

1. 传播模式

传统媒体的传播模式多属于中央集权式传播，强调中心化分发，受众群相对固定，属于灌输式信息传播；而社交媒体的

分发形态更多体现去中心化的特点，扁平化、碎片化是其主要特征，信息有交互。

2. 传播时效

因为制作和发布问题，传统媒体有较长的部署周期，因此时效性较差；基于快速制作、发布的一系列移动互联网工具和平台的帮助，社交媒体制作时间可减少至一天、几小时甚至几分钟，因此时效性较强。

3. 传播主体

传统媒体的制作者多是拥有相关领域专业知识的人员，其生产的内容属于 PGC（Professional-generated Content，专业生产内容）；而社交媒体的制作者则不一定是专业人员，他可以是达人，也可以是素人，社交媒体模糊了专业和非专业的界限，而且随着技术水平的提升，普通人通过人手一部的手机就可以达到过去专业摄像才能取得的效果，所以社交媒体生产的内容属于 PGC + UGC（User-generated Content，用户生产内容）的混合模式，我把它称为 PUGC（专业用户生产内容）模式。

4. 传播内容

传统媒体（比如报纸、广播、电视、电影等）的内容一旦发布，几乎很难修改，如需修改，往往要等到下一个版本，比如第二天的报纸、下次广播、重新剪辑的电视片、重新剪辑的电影等,牵涉的人力和时间较多;社交媒体则常常随时随地更新内容,并形成多次的再分发、再传播,信息被多次再加工、再生产。

即时性和互动性是社交网络的优势。社交媒体改变了原来点对面的线性传播方式,形成了点对点、点对面、面对面的交叉、实时、立体传播方式,所产生的影响也是具有革命性的。

一方面,社交网络在进化的过程中衍生出首页思维,无论是淘宝购物还是美团外卖,人们从搜索式浏览变成如今的投喂式浏览,大家已经没有耐心主动搜寻更多的信息。如果产品信息不排在前几页,则几乎等同于失去了传播和展示的机会。排列的位置越靠前,越容易获得曝光量,就像传统媒体的封面页一样。

但比起传统媒体的展示,社交媒体的展示方式更极端,流量不会被平均分配,得到曝光的内容可能瓜分了 90% 的用户流量,没有机会得到曝光的内容,其流量几乎为零,而且越得到曝光的内容越能分配到更多的流量。

另一方面,社交媒体的用户又可以选择性地接收信息,相对于传统媒体的用户,社交媒体的用户的选择权被空前放大,容易被感知的内容就有可能获得海量流量的传播,边际成本可以无限趋近于零,这也是越来越多企业涌入社交媒体做营销的原因。

基于社交网络的传播和营销，出现了一批新词，为了让大家更好地理解"超级话题营销"，避免混淆，下面我对几个热门概念进行说明。

1. 社交化营销和社交关系营销

这两个词的词意非常接近，唯一的区别是描述，一个强调"社交化"，一个强调"社交关系"。在具体的使用上，一般人基本都会混用，但我认为二者在使用场景上还是有很大区别的，有一个简单的办法方便大家记忆，"社交化"更注重传播的形式，"社交关系"则更倾向于使用"熟人关系"。我们常见的朋友圈评论、点赞等穿梭于熟人和陌生人的交际场景中的营销，更偏向于"社交化营销"，而通过朋友圈卖货，因为人情驱动而产生的砍价、集赞、拼团行为，以及因为熟人、半熟人关系驱动而产生的营销，更偏向于"社交关系营销"。当然，这两个词描述的范围和概念大致相同，并没有严格的界限。

2. 社交网络营销和社交媒体营销

这两个词的区别在于一个是基于社交关系的运行网络，一个是基于这个运行网络的超级节点，也就是通过社交媒体来进行营销活动。举个例子可能更方便理解，平时我们所说的在朋友圈裂变，就是社交网络营销，而基于微博大V等自媒体的发布、转发而开展的营销活动，则更接近于社交媒体营销。社交网络营销是一个全局概念,各种社交媒体都属于社交网络的一部分,社交网络营销是包括社交媒体营销在内的一系列网络营销的总和。

3. 社会化营销

社会化营销也称社会化媒体营销,是利用社会化网络、在线社区、博客、百科或者其他互联网协作平台和媒体来传播和发布资讯,从而形成的营销、销售、公共关系处理和客户关系维护及开拓的总和。

社会化营销中的社会化媒体主要是指具有网络性质的综合站点,其主要特点是站点内容大多由用户自愿提供(UGC),而用户与站点不存在直接的雇佣关系。

用下面这张图可以表述上述这些概念的层级关系,简言之,社会化营销就是一种包含所有元素在内的全局营销,包括线上和线下,它更强调所有节点的参与和互动。

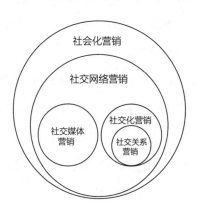

1.3 社交网络营销的极端力量

互联网及社交媒体的发展为普通人提供了空前的话语权，再小的声音都有可能通过社交网络传播到全网，对于一些传统行业的企业和品牌来说，这极大地改变了它们的经营模式。如果一个品牌在社交网络上获得了良好的口碑，那么它就可能获得自裂变发酵，裂变边际成本无限接近于零；相反，只要有一个客户产生不满，在其意见没有得到妥善解决时，他就有可能利用社交媒体的传播性，在微信、微博等平台上发表意见，而这种声音一旦遇到公众同情或大V转发，品牌的负面效应就会呈几何级增长，从而对企业和品牌带来重大冲击。

企业和品牌似乎一夜之间变成了弱势群体，甚至有被客户通过社交媒体绑架的感觉。一些不懂在社交网络上进行沟通和应变的传统企业，发现传统的公关策略完全失灵，这和整个社交网络的特性是分不开的。

那么企业和品牌如何在社交网络时代做好营销呢？

最重要的就是要转变思维，按照社交网络的特点去调整和适应。

1）换位思考。这是第一原则，要学会用外部视角看问题，让自己从用户的角度进行思考。

2）超出预期。我们在做传统营销时，都习惯了对产品、品牌做过度美化包装，而在社交网络时代，同样的做法可能会遭到口诛笔伐。因为传统营销是单向灌输式营销，受众被美化的信息感染后，很容易转化为购买行为，而当发现买到的产品与自己的预期有落差时，客户无法及时完成反馈和互动，所以品牌得以大肆运用饱和攻击的推广方式迅速占领市场。而在社交网络时代，所有反馈都是即时性的，当客户在发现购买的产品名不副实后，他就可以迅速连接进社交网络的各种平台进行负面传播，一旦这样的不满被更多有同样遭遇的客户看到，就会快速形成网络效应，从而对品牌口碑产生重大威胁。相反，如果产品超出客户预期，其口碑也会通过社交网络迅速放大。

营销的游戏规则已发生了巨变，社交网络及社交媒体给每个人都提供了公平的平台，利用好这些平台，营销的边际成本就可以无限降低，达到指数级的传播效果；如果看不懂平台，甚至反其道而行之，则极易产生反作用。

影片《上海堡垒》在上映当日豆瓣评分为 4.3 分，上映第二天降到 3.4 分，第三天又降到 3.3 分，可见观众对这部电影有多么失望。为什么这部拍摄耗时 6 年、砸重金打造、具有超级流量明星阵容的电影遭遇如此的滑铁卢？我们先来看看这部电影在上映前做了什么。

电影上映前自媒体账号对电影的推文如下面几张图所示：

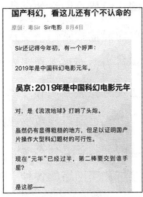
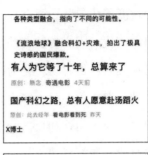

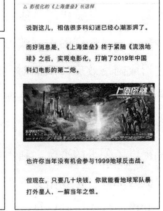

这些推文表明该影片在上线前做了软文预热，投放在精准、垂直的自媒体大号上，大V及意见领袖也为电影定了调，并引导中小自媒体跟风报道。这个策略没有错，也是很多电影宣传的惯用思路。

2019年8月8日电影上映前一天，导演滕华涛发的微博如下图所示：

第 1 章 社交网络时代的传播逻辑

> 黄油小熊
> 8-8 来自 iPhone客户端
>
> 从2013年到现在,《上海堡垒》陪伴了我六年的时间。终于在这个暑假,我交上了小学毕业作品,尽管它还不完美,仅仅是个小升初的作品,但我相信你们可以开始期待我三年以后的中考了。与其沉溺于不那么美好的过去,不如转身奔向不可预知的未来,大步向前去拥抱更好的自己,这也许就是我做科幻电影的原因。

电影摄制主要人员在社交媒体做情感投射,代入情怀,以时间作为电影的"信任状"进行预热宣导,这样做也没错。文案里的2013年及六年作为"精心打造"的数字背书,效果还是比较好的。导演并没有从电影剧情方面去宣传,而是用了时间作为"掩护",不知道导演是否在这之前就已经做好了电影剧情"不及格"的铺垫,但无论如何,从定位策略和技巧上看,这篇文案也没有问题,甚至还有那么一丝丝讨巧。

2019年8月9日电影上映当日,影片官微发布影评如下面几张图所示:

013

这里的影评依然是"信任状"的延伸,我们知道,所有的营销最后能转化为成果,都来源于其核心逻辑:信任状。信任状是什么呢?简单来说,一切可以增加受众对陌生事物信任感的元素,都可以称为信任状。我们看到从线下媒体到社交网络,几乎所有成功的案例都离不开这三个字,从分众传媒电梯广告里一个又一个的"全国遥遥领先""热销全球×××国",到朋友圈时不时刷起的"××成功案例操盘手"的干货课程,无不在印证这三个字的威力。为什么微商在其朋友圈要晒成交和反馈截图?这也都是信任状的使用逻辑。该电影在群众还没有观影前就发布点赞影评,这一做法也没有问题,而且非常正确。

然而，噩梦从上映当日豆瓣评分4.3分后便瞬间开启了，随后一直呈断崖下跌之势，截至2019年8月11日晚上，《上海堡垒》的豆瓣评分仅为3.3分，有114 390人给出评价，其中60.5%的人给了一星评价，22.5%的人给了两星评价，11.8%的人给了三星评价，剩下的四星评价和五星评价分别只有2.9%和2.3%。电影也可以被视为一种产品。如果电影在早期的信任状是依靠渠道及媒体建立的，那么电影在上映后就需要第一批种子用户，换句话说，种子用户的评价会直接影响到整个票房收入。哪怕电影本身不被认可，但如果以相对诚恳的态度走"自黑"路线，也不会引发舆论灾难，而片方恰恰在这个节骨眼上采取了错误的行动。

2019年8月10日，在电影上映第二天，影片官微连发三条推文："这是烂片???"

可以说，这条回怼推文及迅速删除的操作把前期所有的营销铺垫瞬间转化为"自杀式武器"，电影的制片方（简称"片方"）在前期做了多少口碑、信任状背书，这条微博带来的杀伤力就有多大，甚至翻倍，而删除操作则表现出片方对社交媒体的了解处于"小学生水平"，因为在社交网络上，所有的行为都会被记录，这样的记录会以各种形式存在。

智能手机出现后诞生了一个舆情"核弹级杀器"：截图，而图片的传输与文章、网页不一样，是无法删除的，图片的复制性和难以删除性决定了一旦发生事情被截图的情况，这件事就不可能通过删帖来解决。果不其然，在微博被删除后的几个小时后，大量被删除前的截图被转发到朋友圈，这是很恐怖的事情。我们知道在做话题营销时有两大场景：微博及微信朋友圈。原本微博上出的事故，变成截图素材迅速跨入一个更为活跃和体量更大的平台（微信朋友圈）后，就不再是"核弹级"效果了，简直变成"星系爆炸级"了。片方对社交媒体传播特性的"弱认知"直接导致了灾难性后果，这成为本次宣发的最大败笔，说这条微博"烧"掉了几亿元，真的不为过。

2019年8月11日，电影上映第三天，滕华涛导演在微博公开发文道歉，字里行间都看着十分诚恳，如下图所示：

应该是感受到了微博事件引起的巨大舆论压力，片方开始走认错路线，但这又是一个错误的做法。如果说产品有硬伤，那么在开始阶段马上出来认错，还是可以挽回败局的，但在怒怼后再认错，在传播策略上就是有问题的。营销最忌讳的就是

第 1 章 社交网络时代的传播逻辑

不断变换立场和策略,因为在社交媒体上,无论你持哪种观点,总会有对立的观点存在,这是由社交网络的特性决定的,对于这一特性,我们无法改变,只能顺应,甚至利用。我在这里大胆地提出一个观点,假设片方在微博事件发生后,如果能坚持风格、将错就错,把怒怼的微博推文顺势转化为"自黑""自嘲",也许还会有一线生机。这也给我们很多品牌一个警醒,任何品牌在推广前都应该做好危机应急预案,这样在真的发生危机时就可以迅速达成认知统一,并果断采取独一策略(坚决不认错或者一开始马上就认错),切忌左右摇摆,这是大忌中的大忌。

2019 年 8 月 11 日,鹿晗随即转发并评论了滕华涛导演的微博,如下图所示:

整个片方至此已经集体出来致歉了,给我的感觉就是一整支装备精良的队伍,举着最先进的武器,一个一个往海里面跳。鹿晗在这个节点上最好的策略其实是:静默。在处理舆情事件时，有两种行之有效的方法：一种是静默到底，不给社交网络任何可以"咀嚼"的材料。在信息过载的今天，只要不是特别灭绝人性、道德败坏的事情，舆情洪峰很快就会过去；另一种就是在发生险情的第一时间就采取独一策略去处理，也就是前面说的思路。很明显，《上海堡垒》在这次危机公关中阵脚大乱，以至于早早就放弃了抵抗，缴械投降。

2019年8月11日，原著作者江南也转发并评论了该微博，如下图所示：

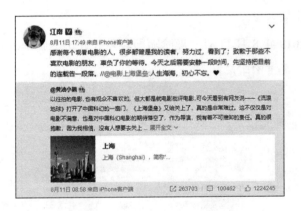

这里就不展开分析了，江南和鹿晗的策略是一致的，既然鹿晗发声了，江南如果再不发声，就会变成靶心，所以江南的这一举动，实乃无奈之举，有点可惜。

2019年8月19日，导演滕华涛在接受采访时表示没判断好是否能让鹿晗演，如下图所示：

第 1 章　社交网络时代的传播逻辑

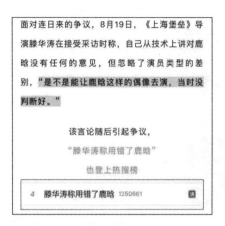

我不知道滕华涛导演对社交媒体是否了解，本来在怒怼后又出来认错已经是传播上的大忌，接着估计是因为不甘心，也可能是被舆论压力折磨，居然发表了"选错演员"的言论！这样做给我的感觉就是前面描述的一群装备精良的士兵举着最先进的武器在跳海前，还互相对扫了一梭子弹。道歉的做法是一错再错，但如果后面保持静默，那么舆情依然会停止。但这样出来发表言论，又给媒体制造了新的"炒作材料"，也叫作给媒体"喂料"，此时真的是无力回天了。这一个又一个"材料"，对于热衷于抢热点的媒体人来说，简直就是对应着"10万+"的点击量，至此，自媒体和其他媒体开始群起而攻之。我写到这里，真的开始有点替《上海堡垒》一系列操作感到惋惜。

两部科幻片的豆瓣评分对比如下图所示：

从《上海堡垒》这个案例我们能看出，一次成功的宣发，特别是在社交网络的宣发，必须是"好的产品 + 好的传播策略 + 预设的危机公关策略"，营销人能做的就是，把好的产品通过合适的传播组合以正确的传播策略推广出去，所以对于营销人来说选品很重要。

我们需要对产品进行定位，任何产品都有缺点，也有其优点，只有对产品进行客观、精准的分析，才能找出最符合实际的传播策略，从而收到意想不到的效果。我记得有一款外国的口香糖，它的口感是比绿箭差的，如果正面对标，也许会输得一塌糊涂，但是这个品牌给这款口香糖做了一个"神"定位：可抗记忆力减退的口香糖，适合 25～35 岁人群。这样一来，产品马上大卖。一个合适的差异化定位，不但可以扬长避短，甚至还可以建立一个属于自己的细分赛道，这个案例值得每一个营销人深思。

1.4 社交网络上的超级话题营销

10年前,社交网络是散落在各处的空间、论坛、贴吧,比如人人网、天涯等,它们自成一派各自为战。微博的出现让大家从不同的地方纷纷涌入同一个平台,因此有了大V的出现。

于是不仅出现了李子柒、李佳琦这样的大V,还出现了各个领域的中V、小V,甚至出现了KOC(KOC对应KOL,英文全称为Key Opinion Consumer,一般指能影响自己的朋友、粉丝,使其产生消费行为的消费者。相比于KOL,KOC的粉丝更少,影响力更小,但优势是受众更垂直、投放价格更便宜)。

以网红带货为例,从耳熟能详的"口红一哥"李佳琦,到抖音大V刘媛媛,一场直播动辄几千万元到几亿元的销售额,一次又一次刷新了人们的认知。社交网络营销成为品牌传播链条中不可或缺的一环。

由致趣百川发布的《2019社交营销白皮书》显示:

(1)81%的女性青少年每天都会使用社交媒体,而男性只有66%;53%的女性每天都会在社交媒体上发帖,而男性的这一比例为43%。而在社交媒体用户中,男性占比为56%,

女性则是44%。

（2）33%的用户经常使用朋友圈分享工作相关内容，但仅有23.6%的用户愿意看到和工作相关的内容。80%的用户使用微信办公，40%的用户加入百人群是为了企业内部沟通。

（3）在机构运营的微信公众账号中，媒体号尽管数量占比不足1%，但粉丝总量却高达近23亿人。

（4）中国线上购物的用户占比为82%，移动端购物的用户占比为74%，全球排名第二。

社交网络的繁荣为话题营销提供了生长的温床，很多企业、品牌都慢慢开始学会利用社交网络的特性为自己开展一次又一次的话题营销并引起刷屏。

一、支付宝中国锦鲤活动

2018年9月29日下午2点，支付宝官方微博发起了"祝你成为中国锦鲤！"的活动。在没有预热的情况下，连破两项纪录：不到6小时转发量突破100万，周累计转发量破300万，阅读量高达2.09亿。

这波营销让支付宝官方微博在国庆期间涨了1 000多万粉丝。话题热度居高不下，"中国锦鲤"信小呆一夜爆红，微博粉丝从几百涨到了80多万，微博认证也加上了"2018支付宝中国锦鲤"。

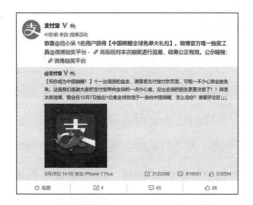

其实在 PC 互联网时代,也有很多话题营销,虽然都是依托令人感兴趣的话题引起大众注意,通过引发争议达到营销的目的,但是与社交网络的超级话题营销相比,又存在诸多区别。下面以曲别针换别墅为例进行说明。

二、用曲别针换别墅

2006 年,网上盛传的"用曲别针换别墅"的营销事件让"艾晴晴"成为一个典型的网络红人。这个女孩在网络上高调宣布要实现一个童话梦想,并付诸行动——用一根曲别针换回一栋别墅,为期 100 天时间。仅实施计划当天,艾晴晴就成功地用曲别针换回一部手机,她的帖子发布 24 小时就获得近 7 万点击量。

1. 中国版童话

2006年10月15日,"艾晴晴"在天涯论坛上高调发布了《中国版美丽童话,将被我这个女孩100天内创造》的帖子,她表示有这个天真的想法是因为看到国外的例子,一个加拿大小伙子用14个月,经历14次交换,用一枚曲别针换到了一栋价值4.5万美元的住宅的居住权。之后他成了新闻焦点。

在帖子中,她写道"只不过我要做的事挑战难度更大,因为国外的那个小伙子仅仅是被动地在网上以守株待兔的方式交换,而我将选择在现实中主动出击,他用了一年多时间才完成,而我期望仅仅用100天来实现自己的这个大胆而天真的计划",并请网友一同见证。

"艾晴晴"的交换行动由她专门邀请的一位亲戚全程跟拍记录。在第一天就成功换回一部手机之后,在接下来的两天中,"艾晴晴"遇到了各种挫败,她很久才能换到一件物品,常常是无功而返。2006年10月22日,"艾晴晴"用曲别针换别墅的事件被几家媒体报道后,她才先后换到了珍珠项链、数码相机,一周之后,"艾晴晴"的博客的点击量攀升到上百万,她红到了"走在北京就会有人认出她来"的程度。

在这个过程中,她换到了数码相机、邮票、玉佛、五粮液、琵琶、海报、CD……几经波折,她换到了一套价值5万多元的《高丽大藏经》。接着又用这套书换到了一个保底版税

10万元的出版协议，出版社承诺为她出书记载这次事件。2007年1月14日，她用版税又换到了一只价格为12.8万元的翡翠手镯。2007年1月22日晚上，"艾晴晴"在博客中宣布，她已经完成最后一次交换，活动由此告终。2007年1月25日，"艾晴晴"召开记者发布会宣布，她最后交换到的是与广东一家唱片公司的专辑合约，价值百万元。

2. 交换过程

- 2006年10月15日：曲别针—路人照片—玉佛挂件—手机；
- 2006年10月22日：手机—珍珠项链—数码相机；
- 2006年10月25日：数码相机—邮票小全张；
- 2006年10月31日：邮票小全张—两瓶五粮液酒；
- 2006年11月18日：五粮液酒—琵琶；
- 2006年11月27日：琵琶—CD；
- 2006年11月29日：CD—温碧霞的女用装饰镜；
- 2006年12月9日：女用装饰镜—美国原装海报；
- 2006年12月30日：海报—《高丽大藏经》；
- 2007年1月8日：《高丽大藏经》—《别针换别墅——艾晴晴画传》（暂定）图书出版权；
- 2007年1月14日：图书出版权——只价格为12.8万元的翡翠手镯；

- 2007年1月23日：翡翠手镯—广州美美音像有限公司的签约协议书。

1.5 误区：社交网络营销"翻车"事件

一、不懂社交网络营销只能是花钱办坏事

奥美公共关系国际集团的经营合伙人褚文说：在公众心里，企业有了问题，消费者就是弱者，但是信息在社交网络中传播得那么突然、那么快，企业有时候也措手不及，根本来不及自证，有时企业才是弱者。

在消费者心里，实力雄厚到令人望而生畏的企业，往往一到社交网络上就显得笨拙，缺乏亲和力。

"当真相还未穿上鞋子，谣言已经跑遍了世界。"这句话传达了危机发生之后速度的重要性。很多企业发现危机之后，往往会贻误时机，反应很慢。让企业在社交网络上变成弱者的不仅是信息传播的速度，网络的匿名与开放，也注定每次危机的爆发，都会让企业承受更多消费者极端的情绪。

如果企业遭遇危机，何时道歉已经成为危机公关的关键。2017年8月，海底捞被记者暗访，曝光了其卫生状况堪忧的问题。就在事件被曝光后三个小时左右，海底捞给出了一个堪

称企业危机公关范本的策略,业内人士将海底捞的危机公关策略概括为:锅我背、错我改、员工我养。

因为处理得当、及时,大多数媒体在报道时都秉持了公正、客观的态度。海底捞的危机公关不但成功挽回了海底捞的声誉,还因为态度端正、应对得人心而广受赞誉,成功为本次危机止损。

褚文认为,企业要想在社交媒体时代摆脱弱者的无力境地,最需要的是升级自己的危机管理体系:"应对传统公关危机,成熟的企业大多有危机管理体系,知道发生情况之后找谁,在哪儿找,现在无非是加一层东西,在原有的体系里加入社交媒体这层东西。"有了这层"新东西",企业在处理危机时就有了自己能控制的主场——自媒体平台。

二、浦发银行:借势蹭热度"翻车"

2019年3月,四川省凉山州木里县境内发生森林火灾,多名消防队员为了救火而牺牲。火灾发生后,全国人民都沉浸在悲痛的氛围中,许多人纷纷发声哀悼。浦发银行也顺势制作了一张海报(见下图),海报上赫然写着,某烈士为浦发银行信用卡持卡人,浦发银行信用卡中心决定为其免除所有未清款项,并且还公布了员工向烈士捐款的数量和金额。海报在网络上被大量转发。

海报经传播后招致极大争议,这一行为引起众多网友的反感,舆论焦点集中在"借英雄之名做自家生意",有网友认为这是对烈士的不尊重。随着舆论的发展,浦发银行赶紧发布了《致歉信》。

三、李佳琦直播"不粘锅"事件

2019年10月23日,李佳琦在直播间推荐了一款不粘锅,结果却发生了尴尬的一幕。助手用不粘锅演示如何轻松煎鸡蛋,在准备翻动鸡蛋时,鸡蛋牢牢粘在锅上完全翻不动。

网友直截了当地说道:"只要是不粘锅即便不放油也不会粘,即便是普通的锅只要你放了油煎鸡蛋也不会粘锅。"由此得出结论:李佳琦在直播前并没有对产品进行测试,暴露出其选品的随意、不严格。不粘锅公司对此次"翻车"事件的回应是:李佳琦不擅长做饭,锅并没有质量问题,请大家放心。

这次的事故反映出李佳琦对自身的人设没有边界意识,迫切追求短期利润,作为美妆博主,他在涉足自己不擅长的品类时,没有在前期做足功课。他的团队对此事件的回应也没能挽回品牌口碑。

超级话题营销

第 2 章

超级话题营销概述

2.1 话题就是营销的生产力

从古至今,话题都是人们茶余饭后的谈资,许多人每天都会用自己吃饭、乘车的碎片时间去了解最新的热门话题,并进行讨论、传播,而这样的行为一旦和商业结合起来,就形成了商业的生产力。

在这个"注意力"经济时代,内容为王,流量为王,一个好的话题营销作用巨大。当品牌能够成为消费者谈论的话题时,品牌就已经成功了一半。超级话题营销主要运用新媒体的力量,以及消费者的舆论,打造被大家热议和传播的话题。对于品牌来说,能够激发消费者的热议,就是最好的话题营销。

品牌获得关注的最好方式就是持续创造话题,话题就是最好的传播力。话题的设计很重要,好话题是一个导火索,我们最终的目的是让受众主动积极地参与其中。设计一个超级话题的前提,首先是话题要新颖、有争议,能够引起大家的兴趣;其次是话题能够引导受众自发传播。

在这个信息超载的时代,每秒钟都会产生无数信息,这也让大众的专注变得更加困难,时间和专注成了最稀缺的资源。无论是独立的自媒体人还是企业,都期望获取更多的流量。掌握了流量,就相当于占领了市场营销高地。一场好的话题营销意味着流量的增多、市场的扩大,也更有利于产品的推广和项目的发展。

2.2 超级话题营销的四种形态

我们所说的超级话题营销包括:事件营销、裂变营销、借势营销、战略话题营销。

一、事件营销

事件营销的英文是 Event Marketing,国内有人将其直译为"事件营销"或者"活动营销"。事件营销是企业通过策划,利用具有名人效应、新闻价值及社会影响力的人物或事件,引起媒体、社会团体和消费者的兴趣与关注,以求提高企业或产品的知名度、美誉度,树立良好的品牌形象,并最终促成产品或服务的销售。

简单地说,事件营销就是通过把握新闻的规律,制造具有新闻价值的事件,并通过具体的操作,让这一新闻事件得以传播,从而达到广告的效果。

20 世纪 90 年代后期,互联网的发展给事件营销带来了巨大契机。通过网络，一个事件或者一个话题可以更轻松地进行传播和引起关注，成功的事件营销案例开始大量出现。

二、裂变营销

在社群运营中，裂变可以说是常见的一个环节，其原理就是就是老用户邀请新用户。裂变营销的威力就像核裂变一样，威力巨大。裂变营销具有成本低、效果持久、影响力大等优点，在营销工作中还是很常用的。

裂变营销的目的包括用户增长、业务转化、品牌传播。

三、借势营销

借势营销是指销售的目的隐藏于营销活动之中，将产品的推广融入一个消费者喜闻乐见的环境中，使消费者在这个环境中了解产品并接受产品的营销手段。实施借势营销时要注意以下三个关键点。

1. 产品与热点事件的相关度

话题营销要得到热点事件的流量红利，首先需要产品与热点事件之间存在某种关联，这种相关性结合得越紧密，传播效果越好。

在社交网络中，任何一个话题，无论褒贬，一般都会形成两种及两种以上的意见。

盲目跟风是营销上一个很常见的现象。一个玩法火了，大家纷纷效仿，但是在大多数情况下，第一个创造这个玩法的人和最早跟风的人已经把整个市场都收割得差不多了，后面再跟风的人其实已经没有什么蛋糕可分。但是一旦有人提出了反面的或者让事件反转的观点，那他就能迅速地把这个事件的热度又"炒"起来，创造新的关注度。

2．品牌的快速反应能力

随着竞争的加剧，企业要想使借势营销的效果最大化，一定要以最快的速度进行响应，否则随着其他品牌的跟进，受众的注意力将被大大分散。

3．巧妙关联热点

找到产品、品牌与事件间的相关点只是设计话题的第一步，关键在于如何将这种关联点创造性地表现出来。

就像我在南宁做的"柠泉热恋"刷屏事件，这次营销火了以后，很多楼盘争相去模仿这个玩法，但是其传播效果却赶不上我策划的"柠泉热恋"。这其中的差别就在于，我是站在一个借势的角度去进行这次营销，我一开始是借了传统媒体——报纸的势，在取得良好的效果之后，商家纷纷模仿，但是市场和受众只会看到第一个使用这个创意的人，所以在商家借我的势的同时，我也在借商家的势。大家在模仿借势的时候，由于个体太多，特色不鲜明，且不处于引爆期，所以相当于是商家花了精力把势送给了"柠泉热恋"，当所有借势的商家都把势借给了"柠泉热恋"后，它就形成了黑洞效应，把这些热度全部占为己有。所以，我们要时刻注意，同样是借势营销，利用传统媒体去做和利用新媒体去做，操作方法不同，最后的效果会大相径庭。

四、战略话题营销

战略话题营销是我独创的营销形态，涉及流量的聚合和复用。

在战略话题营销的过程中，一定要善于使用媒体进行多维度的立体传播，这就是所谓的多维技巧。这里的多维技巧和传统媒体的叠加是不同的。

对于多维技巧，并不是先有媒体，而是先联想到话题营销传播中需要的点，以及这些点应该如何支撑，通过何种方式展现。在明确整个传播链条和走向后，再去确定使用哪些媒体，甚至在传播过程中，还需要对媒体的投放顺序、投放量及文案进行调整，然后再围绕场景使用。而对于传统媒体的叠加，则是先想到一个方案，然后简单地将媒体进行叠加，并不是从传播的角度去考虑媒体组合。这常常会导致资源浪费。

很多人会把多维技巧理解成单纯的多方面广告投入和市场

公关活动的叠加，比如文字、视频、H5页面、音频、图片等同时上线，实际这样的做法是达不到预期效果的。在当今的市场中，已经不能靠单纯的刷屏来取得很好的营销效果了，再加上广告价位的不断攀升，全面刷屏的营销或者说将各种渠道进行叠加的营销成本变得越来越高，性价比也越来越低。所以使用多维技巧的精准营销方式已经成为企业营销的必然选择。下面用我在《深圳晚报》做的"不懂为什么"体这个案例来讲述多维技巧和一般媒体叠加的区别。

我们在做广告前，首先要想象一下广告的场景，了解在整个场景当中，我们需要哪些媒体。

以"不懂为什么"体这个广告为例，第一步便是需要在报纸上投广告，而在报纸上投广告，首先需要选择一个比较好的媒体，并且这个媒体必须满足与广告的反差足够大这一点，这样才会引起读者的注意。其次还需要设想当这份报纸印刷出来之后，它会出现在哪些地方。报纸最大的展示点应该就是在报刊亭，而当报纸摆放在报刊亭时，我们就应该思考什么样的设计才能让大家觉得今天的报纸头版十分特别，才能引起大家购买、拍照分享的欲望。在我的设想中，读者经过报刊亭，看到刊载有这则特别广告的报纸时，第一个想法一定是觉得新奇，会觉得像发现了新大陆，于是第一个动作应该是掏出手机把它拍下来，把这个新鲜的事物分享给朋友、分享到朋友圈，这是社交网络的一个特性。

而当朋友圈的朋友看到这则广告后，第一反应应该是参与讨论，并且进行二次传播，从而引发更多的讨论甚至引发大V、KOL写文章向这则广告借势。在整个场景推演的过程中我们可以发现，首先需要的就是一个能引起关注的媒介，而报纸就被选入我的多维营销的第一维度当中。报纸之后就是用户将照片发到朋友圈的场景，在这个时候，想要引爆这次营销，就需要有意识、有步骤、有计划地去提高朋友圈的曝光量。假设有人在第一时间并没有想到去发朋友圈，或者发朋友圈的人很少，那么这个时候我就会去对这个渠道进行引导。

当时在做"不懂为什么"体这个广告时，我安排了全公司的员工和行业的一些朋友帮忙在朋友圈进行转发，这个做法的目的是加强在朋友圈的第二维度的营销。而广告内容通过朋友圈扩散出去以后，达到了一定的曝光效果，就一定会有一些需要借势的大V和KOL参与讨论，这个时候我们再通过预先联系好的大V和KOL进行大量文章的推送，这些各持观点的文章对这件事情的评论又引发了新一轮的刷屏，这就形成了第三维度的营销。

除此之外我还考虑到，除了讨论外，还会有一定数量的人想要去复制我们的玩法，于是当时我们又推出了一个《深圳晚报》"不懂为什么"体的生成器。我们只需要把想要的署名信息输入到生成器中，这个生成器就会自动生成一个署了自己名字的《深圳晚报》"不懂为什么"体的专属图片，这张图片也可以发到朋友圈。这个做法是通过 H5 来实现的。

想象完整个流程后，我们把所有的维度都预见到了，所以在整个营销的过程中，我们只对以上这几个维度进行加强，就可以取得很好的效果了。而若是换作普通的媒体叠加的营销方式，则在营销过程中需要进行全面铺设，把广告内容投放到电台、电视台、公交车等渠道。通过这样的对比就能看出，在这个传播链条中，有很多渠道是我们不需要的，我们没有必要在不必要的渠道上浪费成本，这是一个很关键的点。

总体来说，要想做到多维技巧的熟练使用，我们就不能再盲目地在市场中"砸"钱，而是在投入预算之前，先研究清楚我们的用户是什么样的人群，他们喜欢什么样的东西，分布在哪些渠道，再去进行相关的内容构架设计和精准投放。同时，我们在投放之前，也要想清楚每一个维度的递进关系，从第一个维度的投放到第二个维度的投放是一次裂变，从第二个维度的投放到第三个维度的投放又是一次裂变。一方面精确地进行用户定位，另一方面采用层层递进的营销程序，这样就形成了多维的营销体系。

2.3　超级话题营销的两个特征

超级话题营销有两个特征，一是自带话题性，二是有话题爆破的场景。在传播过程中,比起渠道,内容能传达给精准的用户才是关键。

一、自带话题性

超级话题营销的内容本身具备极强的话题性,并且是能高度自传播的话题性。人们只关心和自己有关的事情,所以话题要切中大众的痛点。痛点,顾名思义就是痛苦的点,即用户在工作和生活中遇到的令人不满的、让人觉得痛苦的点。那么如何寻找痛点呢?有两种方法,一种是从驱动因素下手,找到普通人在日常生活中的敏感点进行罗列,比如被欠钱不还、夫妻感情、婆媳关系等,这些都是很多人的痛点,从这些场景中提炼素材形成的话题,本身就自带热度。另外一种是从行动过程下手,就是话题本身自传播性不足,我们可以通过围绕话题制造延伸话题或者子话题来提升话题热度。比如公司招聘是个普通话题,如果我们增加一些元素,就可以增强话题的传播性。我之前做过的"乔府大院老板招亲送田"就是把企业一个日常的招聘行为进行二次挖掘发酵的例子,把企业原来的单身青年相亲会和企业正常招聘的元素进行了结合,达到引燃舆论讨论的目的。

二、有话题爆破的场景

营销是个周期性的活动,特别是话题营销,传播快,消逝得也快。现在是一个信息大爆炸的时代，想要在各个渠道中脱颖而出引起受众的注意，我们就需要在纷纷扰扰的信息中找到突破口。同时，一旦引爆，在快速实现预定的战略目的后，我们也不要恋战，而是要迅速收尾。因为即使我们不主动收尾，各种随之而来的碎片化信息也会毫不留情地把受众的关注度蚕食。因此，在做话题营销之前，了解其时间周期规律，是非常有必要的一件事。就此，我总结了一个时间线的 7 天定律，即任何话题营销的热度都不会超过 7 天，有的甚至在第 2 天就结束了。在这个定律下，我们一般要注意以下五点。

1. 话题营销的时间节点设置

话题营销的时间节点设置很重要，在进行策划之前，我们要先确定这次营销需要多长时间跨度的传播，根据传播程度，我们可以分为 2 天、3 天、5 天、7 天这 4 种常见的传播时间跨度。需要注意的是，最长的传播时间不能超过 7 天，时间越长，需要的传播成本也就越高。

无论我们选择哪种传播时间跨度，整个营销过程基本上都需要经过引爆、触发裂变、二次裂变、收尾这几个阶段，所以在实施的时候，我们需要根据传播情况实时对节点进行控制和调整，让传播顺利完成，而不能虎头蛇尾或者让传播失控，这是必须重视的问题。

2. 引爆时机点的选择

在进行话题营销时，除了设置好时间节点，还需要选择好引爆的时机，这样才能因事利导，收到理想的营销效果。在选择引爆时机时，要规避同期热点，同时还要考虑特定受众的时间习惯。

3. 规避同期热点

在做话题营销的时候，一定要注意规避同期热点，否则很容易失去营销的引爆势能。同期热点分为可预见的同期热点与不可预见的同期热点两种：可预见的同期热点是指一些自带热点的节日和已经成为习惯的庆祝日等，比如情人节、春节等，以及"双十一"前后这种时间节点。在这些时间节点大家都已经很忙了，如果我们的营销活动和这些热点没有关系，那么就要规避这些热点。不可预见的同期热点就会比较难找，需要我们对外面的信息非常敏感，我们可以使用百度指数、360趋势等搜索工具的指数榜查看近期热点，避开同期热点。

4. 特定受众的作息习惯

针对某个群体开展营销活动时，时间点的设置是要和这个群体的作息习惯相契合的。可以考虑的维度有很多，比如群体、行业、圈子习惯等。通常情况下，在周末和节假日大众对热点的关注度比较低，因为大家都在休假或者忙活自己的事，如果在这个时候引爆话题，就不利于话题的大面积传播。比如我们想要引爆的是一个在公关市场圈非常有话题点的事件，那么就要考虑，如果这个事件是在上班时间发生，必然会引起同事间的群体裂变；如果这个事件是在周末发生，大家的信息联络是断开的，事件就不是那么容易被引爆。同时在引爆之后，我们需要预估一下传播时间，如果事件在周五开始传播，到了周末时热度又会被生生阻断，那也是不利于传播的。当然，这并不是说周末引爆的效果就一定不好，而是要看传播人群和我们所希望影响的群体的特点。假如我们面对的是学生群体，那么我们选择寒暑假期间进行引爆，效果一定会优于学生考试的时间段；选择傍晚 5 点至晚上 8 点学生休息的时间段引爆，会优于选择上午 9 点到 12 点学生上课的时间段引爆。同理，其他的营销也是如此，我们若想针对一个群体进行精准营销，就要先去了解这个群体的作息习惯，从而选取最优时段。

5.遇干扰则调整时间节点

当然，新媒体领域最不缺的就是从天而降的热点，2017年暑期档电影《战狼2》就是一个典型的例子，它的热度在某些时间段几乎压制住了同期的其他电影，让很多原本被外界看好的电影都受到了巨大的冲击，这是没有办法提前预料的。所以，在我们做好了扎实的前期准备的基础上，如果依旧遇到了其他热点的干扰，那我们也要迅速地采取干预策略，要么迅速结束，把传播流程走完，要么通过对触点的加压，控制舆论走向。关于这一点，后文会有更加详细的解析。

总体来说，营销是一个在短时间内需要成功的行为，所以对时间点的把控尤为重要。在错误的时间引爆营销，我们收获的可能是无法达到预期的亏本结果，而在最佳的时机引爆营销，我们则有可能会搭乘其他的热点实现热点发酵的最大化。

2.4 超级话题营销的五个简约法则

一、什么是简约法则

无论是在裂变海报、裂变文案还是在策划方案上，简约感都是一个很重要的策略。简约的内容可以向用户直接传递信息。用户在接收广告信息的时候是具有惰性的，除了用户的刚需外，用户不会主动对接收到的信息进行思考，这是人的天性。所以我们在做营销时，需要快速、直白地向用户灌输自己产品的信息，在这个过程中，任何难以理解的内容、复杂的结构和冗长的句式都会把用户吓走，这就是简约法则的意义。

二、简约法则的具体表现

1. 色彩简约

每个人都有自己偏爱的颜色,如果我们在做广告设计时想要取悦每一个人,那么出来的成品一定是五彩缤纷的。但是五彩缤纷的作品往往会让人感到不够上档次,或者引起人心理上的不适。

苹果公司产品的海报大多是黑白两色搭配,虽然色彩上的存在感较弱,但是突显了它所要陪衬的主体,维护了视觉上的舒适感,让受众的注意力集中在产品上。这也是迎合了简约设计的思想,除了主体信息明显外,非主体的颜色都需要尽可能弱化,防止喧宾夺主的情况发生。所以在色彩上尽量克制,不要在作品中想当然地加入大量不同颜色,杂乱的颜色搭配会直接影响视觉观感,让受众产生反感情绪。同样,当我们不得不使用多种鲜艳的色彩时,可以适当地降低色彩的饱和度,进行灰度调和,使色彩变得柔和,减少大色块对主体信息表达的干扰。

2. 构图简约

很多看上去十分简单的设计,其实在构图上蕴含着很多技巧。常见的构图方法包括黄金分割线、几何排版、透视、居中等，我们这里主要说的是简约。简约构图有两种作用，第一种是直接突出画面信息，让受众了解品牌宣传的意图；第二种是在视觉上让受众产生对品牌的心理感受。在进行构图时，要注意两点：第一，要重点突出主体信息，在素材的表达上，我们要把需要表达的内容列出先后顺序，重点突出最需要表达的内容，依次弱化不重要的内容；在素材的选择上，我们不能把所有素材全都堆在一张图上，因为这样会导致杂乱的视觉效果，不美观的同时也无法起到让受众了解品牌宣传意图的作用。第二，要留白，留白并不是指要留出白色的区域，而是要留出想象的空间，保持简洁和美观。

3. 展现形式简约

对于一幅地铁广告的图片，受众的停留时间常常是 3 秒；对于一个朋友圈的广告，受众的停留时间不超过 5 秒；对于一个 H5 页面，可能还没加载出来，受众就会关掉。很多时候，受众看广告的时间是很短的，我们的内容展现形式越复杂，受众获取到有效信息的概率就越低，而简约的展现形式能够在几秒内将我们要表达的信息体现出来。很多品牌在做活动 H5 页面时，习惯性地把公司介绍放在第一页，其实这种做法效果并不好。你觉得层层递进很有趣，但是受众并不会这样认为。所以无论在什么渠道，我们要做的就是直接，节省不必要的形式，比如奖品诱人的话就直接把奖品摆在最前面，而不要去做"我们有活动→这个活动是个惊喜→我们有什么奖品"这样的复杂设计。简约也是有章可循的，在营销行为中，利益点（打折、免费、奖品）、猎奇心（奇怪、与众不同、出乎意料）、热点（时事、事件）都是可以重点突出的。

4. 文案简约

"太长不看"是现在的高频词汇，哪怕是对于八卦新闻也有很多人因为其长篇大论而选择过滤，更别说广告了。一般来说，人们在广告文案上停留的时间只有1~3秒，所以我们的广告文案不仅要让受众看得到，还需要让受众能够瞬间理解。文案不是随随便便说几句话就可以了，而是要反复修改，呈现出最佳的表达方式，达到一语中的的目的。

简约文案具有以下两个特征：

第一个是言简，即去除复杂的文案。很多文案要表达的内容有很多，辞藻也比较华丽，但是乍一看受众是无法理解它所要表达的信息的，这样的表达方式让受众无法在最短的时间内抓住重点，最终只能选择离开。

第二个是意赅，即表达出最直接的意思。如某手机广告的文案是"精彩锁不住，炫动新世界"，虽然文案的字数达到了简约的标准，但是在表达上却还是很抽象，因为受众无法理解它的信息，更别说被这句文案触动到内心了。而OPPO的经典文案"充电5分钟，通话2小时"，虽然没有华丽的辞藻，但是解决了用户"手机电量不足"的痛点，从而增加了大众的记忆并获得了大众的认同。

5. 逻辑简约

　　逻辑简约即找到受众的痛点，再直击痛点。人们对于抽象的东西总是没那么容易理解，而对于具体的东西却能够很快地去认识和吸收，甚至在脑中形成画面感。所以我们在进行裂变营销时，要注重从受众的角度看问题，想象受众看到的是什么样的情景，避免出现抽象的环节。如果我们想要受众进行转发，那就要给受众转发的理由。比如麦当劳在高考前上线的一则名为《速来围观我的准考证!》的H5页面，就是用简单的分享自己的准考证这一逻辑，满足了用户蹭高考热点、回味青春、追求存在感的几种欲望。

　　简约法则其实并不难，但是在实践过程中，我们要特别注意一点，就是简约并不等于简单。简约是崇尚精简，是把复杂的内容提炼出来，它更注重细节上的精巧设计。而简单是结构单纯，虽然容易理解，但是总体上来说是草率和不细致的。

第 3 章

如何打造超级话题

3.1 超级话题的两个基本条件

一、产品定位

首先要做的是产品定位,产品本身要具备高度的话题性,如果没有"人无我有"的定位,则很容易被淹没在众多产品中。

1. 超级符号

你的产品要具有特别容易让人记住的识别性。当你的产品有了超级符号时,会快速地让受众有记忆点,当你的超级符号高频出现时就占领了受众心智,这比起名字、头衔更容易让人记住。

2. 认知第一

认知第一,就像你要打车时第一个想到的是什么软件?是滴滴。你要点外卖想到的是什么软件?是美团、饿了么。这些App其实就是占据了某个细分领域中的认知第一。微信虽然也有打车、订餐等功能,但你依然会认为微信是聊天的首选工具，只会在聊天时用到它。

所以我们不要去做一个大而全的产品，而是要找到属于我们的细分场景，当用户在这个场景的时候，首先想到的是我们的产品。

二、商业模式

营销是为商业模式服务的，而不是纯粹为了吸引大家的注意力。商业模式也需要具备两个特点，第一是要具备自裂变的基因，第二是够简单。

举个经典的案例——拼多多。在拼多多出现之前，大家都认为淘宝的地位是很难被撼动的，从唯品会到拍拍网发起的进攻，都没能撼动淘宝的地位，直到拼多多的出现。拼多多的商业模式的核心就是"砍价"。拼多多的商业模式同时具备了自裂变和模式足够简单这两个特点。

3.2　超级话题生成法

好的话题可以进行自裂变，其明显的特征就是传播的边际成本接近于零。我做过的几次话题营销，都没有花费很高的预算，但都达到了刷屏的效果。

下面介绍生成话题的四大法则。

一、制造冲突

在设计话题的时候，要有一定的冲突元素，冲突并不是我们要的结果，而是一种推动力。那么什么是冲突元素呢？比如贫穷与富贵、善良与邪恶、传统与新潮都可以称为冲突元素。当两个元素在心理上或者是在物质上产生对立的时候，冲突就会随之产生。

很多人经常问我："能够想到一个创意就很难了，你是如何做到源源不断地想到那么多爆点的呢？有没有什么技巧？"我还真有一套方法论，总结起来，就是在选择爆点时，多去挖掘两极分化的题材，从这种分化中找到冲突点，进而快速展开题材搜索，我把这种策略称为"冲突法则"。之所以叫作冲突法则，其实是因为当受众在看到某类题材的营销时，本能地会在脑海里产生一种想法，觉得这种画面不协调、不对等或者有违和谐感，从而"诱导"受众有参与"调整"的冲动，而这种冲动会直接反映在点评和转载上。

这么说似乎有点抽象，可以举个例子。我们平时看到一个被打碎的瓶子，潜意识里是不是会想到要把它清理干净？我们看到一个高个子的人在打一个小个子的人的时候，是不是本能地会对小个子的人心生怜悯？这种两极分化的冲突直接会影响到我们内心深处的"天平",从而产生"介入"的冲动,而这种冲动在社交传播上就是"裂变"的动因所在。

既然是冲突,我一般会首先从两极的冲突去考虑,最简单的办法是从反义词中去找爆点,在我们所熟悉的反义词组中有哪些是比较常用的呢?比如"大和小""贫和富""多和少""高和低"等,而从这些反义词组的两极延伸去找切入点,就非常容易快速找到爆点。

下面我们拿一个案例来具体说明这种策略。我之前在《深圳晚报》头版打了一个广告,整个版面的文案是"不懂为什么,就是想打个广告",其实在这个文案场景里面,就隐藏着多个冲突元素。从读者的角度来想,他们看到后会发表什么样的评论呢?不外乎是"任性""这个自媒体好牛啊""自媒体那么有钱了?""南宁的自媒体怎么到深圳打广告?"这几种。其中就有几个关键冲突元素:"传统媒体和自媒体""二线城市和一线大都市""卑微和土豪任性"。传统媒体和自媒体的不同是在自媒体诞生后一个广受关注的话题,这两年很多人都在讨论传统媒体是否会被自媒体取代等话题,这无疑给我在选点的时候提供了第一个冲突点。

一个二线城市的自媒体到一线大城市的主流媒体上打广告,这又构成了第二个冲突点。自媒体在人们的印象中都是比较弱势的,而我们却花了几十万元到主流媒体上投放广告,这就构成了第三个冲突点。其实细心的人会发现,我在画面的构图上同样也运用了这样的冲突原则。广告画面摒弃了传统的唯美式设计,而是选用红白大色块对比的模式,这种撞色冲突同样也在传播中起到了吸引眼球的作用。

冲突法则是在做话题营销时应该用到的第一法则,接下来我会详细介绍基于冲突法则的两个重要选点策略。

1. 大小策略

大小策略是我经常用到的一个冲突选点策略。在人的意识中,大和小是最直观的,在我们的生活中,大和小也是最容易引起视觉冲突的对比之一。那么如何快速学会使用大小策略呢?

这里提供一个最简单的实操技巧。第一步,需要明确我们的策略是大小策略。第二步,找一张白纸,把记忆里涉及大小的场景、词汇及印象深刻的大小冲突画面用文字表达出来。如果是我,我可能会写以下内容。

大小场景:巨轮和小船、大树和小草、"肌肉男"和小宝宝、卡车和小轿车;

词汇:以大欺小、以小博大、小题大做、大惊小怪、大材小用、虎头蛇尾;

印象深刻的大小冲突画面:美女和野兽、变形金刚和人类男主角。

把这些文字写出来后,就可以进行第三步了,从所有碎片元素中找到最有感觉或与推广的产品最为吻合的一组，然后深度挖掘和延伸，在涉及相关元素的每个节点都找到最能引起注意的素材与之相匹配，这样就可以完成基础的大小冲突构建。同样以我之前操作的一个案例为例，2017年5月，一个做电商的朋友——最生活毛巾的创始人朱志军向我求助，他说自己公司的毛巾产品被网易严选抄袭了，问我如何维权。当时我的脑海里突然闪过一个念头，就是"以大欺小"，想着可以用这个点在这件事上做文章。操作得当的话，完全可以转危为机。我认为在这次事件里有很多大小冲突元素：

网易品牌的"大"和最生活毛巾（创业小公司）品牌的"小"，丁磊名气的"大"和朱志军（最生活创始人）名气的"小"，这两点就足以让这件事成功。

经过推敲后，我们在微信公众号发布的文章的情况如下。

文章标题：致丁磊（大）：能给创业者（小）一条活路吗？

文章摘要：网易严选（大）别再做扼杀（欺负）创业者（小）的刽子手了。

在内文的行文逻辑上，我们多处从"大小""欺负"等方面展开描述，这么一来，一篇被网易称为"碰瓷"的爆款文章就诞生了。最后此事的影响力不出所料，文章在一个有不到2 000个粉丝的微信公众号发布1小时后便轻松得到"10万+"阅读量，并且最终成为那段时间刷屏的营销事件。网易在当时几乎动用了全部舆论力量进行"围剿",但是在反击时显得没有系统性,甚至在策略上出现了严重的错误,因此收效寥寥。不过这件事虽然是"骂战",却是以双方库存的毛巾都售罄为结局收场。朱志军"毛巾哥"的形象一夜树立,网红毛巾"最生活"也由此名声大噪。从结果上看,大小策略的运用,不但让最生活毛巾成功维权,并且巧妙地利用舆论力量为自己的品牌打了一个最好的广告。所以,事件营销并没有想象中那么难,只要方法得当,素材就在身边。

2. 贫富策略

贫富策略和大小策略的使用方法类似,同样也是从人们观念、伦理的冲突点着手。在自媒体上,描述收入多寡、城市生活差距的文章也屡屡成为爆款文章,这说明"贫富差距"在人们的观念里是一个极易被挑拨的神经。

但是贫富策略在使用中有几个需要注意的点,和大小策略多以弱者姿态博取同情和怜悯不同,贫富策略如果运用不得当,可能会对本体产生不可估量的负面效果。很多商家在做所谓事件营销时,为了博眼球,常常不考虑后果地低俗化,最后虽然商家引起了很多关注,但是在舆论上却是受到一边倒的谩骂、抵制,那最终的结果便是事情火了,品牌伤了。

在操作类似案例的时候有一个技巧,就是在运用这一策略时,把贫富冲突点和受益本体分割开,在中间夹一层"防火墙"。人们对事件的激烈争执只停留在事件表面，不让这团火烧到受益本体。这就需要在事件设计时，把受益本体很巧妙地植入冲突中的某一个点，作为"场景"出现，而不是直接介入争论本身的漩涡中。

例如，2018年3月，我所策划的"梁诗雅"事件就是利用了这一技巧（后文有详细介绍）。

但是需要注意的是，贫富策略的使用是需要技巧的，不能乱来。我在做这次营销的时候，就已经设置好了舆论的防火墙——一个只能遥祝前女友的有情人，一枚无法送出去的钻戒，一封手写的告白书，这种深情感动了很多相信爱情的人，而这样的故事也让许多与"穷小子"有着相似经历或者相似感受的人产生了强烈的共鸣。感动与共鸣相结合，让这个事件在受到争议的同时，又不会变成负面事件，确保这个营销事件传播得更远。

二、单点突破

在做话题营销的时候要掌握一个基础原则——不要贪心。我以前在做营销的时候也犯过类似的错误：各种渠道都投放一点，以为都覆盖了效果会好，其实不然。单点突破法则即在某一个场景或某一个渠道，让话题高频大规模地出现，才能让话题产生效果，极致的聚焦才能形成有效的传播（要在流量聚集的地方投放,用户基数要足够大,这样才能发挥单点突破的最大效力)。

三、用户视角

很多营销活动容易掉入"自嗨"的陷阱,认为自己发出去什么内容,用户就能接收到什么内容。为了避免设计的话题变成"自嗨",我提出了"摄影机"法则,即以旁观者的身份审视这一话题,问问自己的感观,然后记录下来。

如果你自己难以转换视角,可以找到身边的人做一对一访谈、测试。我在做一个案例的时候,用户是40~50岁的人群,我就专门找公司食堂的阿姨,通过跟她的沟通去了解她是怎么看待这件事的。信息只有被传播才能有意义,传播的前提是有人传,传播只有被关注,才能实现价值。

四、传播频率

很多人都有学英语的经历,每天背英文单词,每天练习用英语对话,与几天才练习一次的效果相比,是完全不同的。根据心理学家的研究,通常情况下,人们的遗忘速度是惊人的。针对这一点,商家通常采取的措施就是重复。重复体现在两个方面:广告语不轻易改变、广告语出现的频率高。

人类大脑里有海马状突起,它主要负责认知与记忆,并且筛选及过滤我们大脑接收的信息。只有那些跟自己高度相关或颠覆常规的信息，才能通过大脑的筛选最终被接收。一个广告如果内容包含的元素越多，传递出来的信息就越少，消费者也就越容易淡忘。

广告有那么多，但真正能够让人记住的屈指可数，下面这几个广告却让大家印象深刻。从20世纪90年代的"今年过节不收礼，收礼只收脑白金"到"你没事吧？你没事吧？没事就吃溜溜梅！"，再到分众传媒的"新氧医美，美美美美"，这些自带魔性的广告都有一个特征：简单、"洗脑"、饱和式攻击。"洗脑"的音乐循环，广告语不断地重复、加强，强制性地向受众输出，不用说，就算是精神再不集中的人，也受不了这种饱和式的视觉、听觉的攻击，你说广告恶俗？但你已经记住它了。人是最矛盾复杂的动物，别看骂得凶，最后到了要选择产品的时候，还是在眼花缭乱的众多品牌中选择让自己记住的品牌。

3.3 超级话题背后的六大驱动力

营销就是洞悉人性的艺术，而人性亘古不变。行为科学家研究发现，人类的一切行为都是由内在动机决定的，内心需求是行为产生的原动力。

一、利益驱动

人类社会自古以来能得到发展,都是源于交换,我们通过不断地交换,换取自己所需的物品。在货币出现以前,人类自发地学会了以物易物来维持生活,在货币出现以后,交易更是成为如同空气一样的存在。同时,也有许多人看到了传播的巨大作用,2005年7月14日至2006年7月12日,一个加拿大年轻人拿着一枚红色大曲别针进行了16次物物交换,最终换到了一栋别墅一年的使用权。看上去一枚曲别针和一栋别墅是相当不对等的,但是整个传播过程却非常符合逻辑,可见,利益交换是具有相当大的势能的。

在传播上,同样也需要这样的利益交换,只不过这种交换,更多的是商家和大众的交换。商家想让大众传播自己的商品,首先需要了解大众需要什么,在什么情况下他们会主动传播,当商家想清楚这点时,就会发现自己的文案或者广告没人传播的原因了。

二、荣誉驱动

荣誉驱动是一种重要的激励方法,是人们在可以获得荣誉等某种心理需求的影响下而采取行动的一种行为机制。马斯洛把自我实现定义为人的最高层次的心理需求,经济学家也认为经营者追求良好的声誉是为了获得长期利益。

三、关系（认同）驱动

人是社会化的动物，需要在社会当中生存，但是每个人又是独立的个体，有自己独特的见解，所以人喜欢在社会当中寻求自己的归属感，这是人们一个很重要的心理特征。在日常生活中，我们在别人赞同自己时会感到高兴，在别人否定自己时会感到伤心，这就是我们的认同情绪。要做到把认同情绪运用得当，商家就要了解大众的想法，把大众想说但是没有说出口，或者说不出口的话说出来，这样当他们一看到商家的广告时，马上就会想到，这正是自己要说的，自己也是这样认为的，他们就会很快把商家的广告转发出去。

四、事件驱动

在一个能引发高度讨论的事件中，每个人都能在其中找到情感共鸣。人们更关注新奇的、具体的、可信的，跟自己有关的事情，这是人的天性。在参与话题讨论的时候，人们会把自己带入故事当中，满足情绪表达与自我认同的需求。

五、地域驱动

大家对相同地域的文化、人群总是自带归属感和亲切感，潜意识里会认同这些地域的文化。每个地方都有一批拥护者，所以地域本身就自带话题性。

六、兴趣驱动

愉悦是一种让人感到身心放松的情感，也是人类一直以来追求的一种情感。我们在日常生活中，为了消除无聊、排解生活压力，会更加喜欢看一些让自己感到愉悦的东西，从而达到放松的目的。所以喜剧、段子、搞笑漫画、爆笑视频这类让人感到愉悦的内容，就特别容易引起别人的转发。

在营销过程中借助这些心理特征，便可以激发用户的兴趣点，并引导其消费行为。

3.4 超级话题营销的策划技巧

一、假意释放

假意释放有两个方向，一个是释放用户贪小便宜的心理，让用户自认为有利可图，即用户觉得赚了（释放），但其实并没有赚（本意）；另一个是让用户释放自己的缺陷，即用户觉得合理（释放），但我们只是说了用户想说的（假意）。第一个方向总结起来，其实就是利用用户贪小便宜的心理，引导用户进入营销的"圈套"中,也就是利用用户不愿意下苦功夫,想凭小聪明侥幸取得成功的心理来营销。这种营销的关键点在于首先理解用户想少花力气多办事的心理,其次是突出低付出、高回报的两个特性。

比如,现在很受欢迎的众筹和一元购,哪怕中奖率只有0.1%,用户也不会把它等同于零,而是心存侥幸,认为自己可以以极少的投入换来巨大的收益。不要心存侥幸的道理我们都懂,可一旦遇到这类抽奖信息的时候,我们都很难逃脱心理陷阱。

对于市面上的一些知识付费课程,我研究后发现有些课程干货很少却卖得很好,这是一件让人很困惑的事。为了一探究竟,我特地花钱学习了那些干货不多但销量特别高的课程,发现这些课程都有一个共同点,就是哪怕课程内容非常差,其标题都起得非常吸引人。比如《教你零基础做好PPT,7天掌握四大核心技巧+九大特效》,这个课程标题就利用了人们投机取巧的心理,做了一个非常有传播力的文案,在标题中,"零基础"代表着低门槛,"7天掌握四大核心技巧+九大特效"代表着时间短、回报高。这其实和人们潜意识里"不劳而获"的心态不谋而合。低付出高回报,谁不想呢?类似的课程标题还有《3天轻松减重10斤》《月入3万元的自由职业》等,大多数都是一些短时间速成类课程。

第二个方向是把用户的缺陷进行合理化解释。每个人都有缺陷，每个人都会因为自身的缺陷而自责，我们要给这些缺陷一个合理化的理由。

这样理解起来有些抽象，就拿追星来举例。很多人追星都会给自己找一个理由，喜欢何炅是因为他在圈内人缘好，做事情滴水不漏、面面俱到；喜欢谢娜是因为她敢表达、有真性情；喜欢胡歌是因为他有内涵、有深度。其实这种喜欢恰恰印证了大众自身的一些缺陷，比如喜欢情商高的明星，是因为自己达不到那种高情商的水平；喜欢真性情的明星，是因为自己在生活当中受到压抑；喜欢有内涵的明星，是因为自己想要更有品位。明星人设的打造实际上就是利用大众的自卑心理或者个人缺陷而采取的一种营销方式，从现在的追星热潮来看，也的确很成功。

但是直接指出缺陷是一种比较冒险的营销方式，所以我们可以把用户的缺陷进行美化，把矛盾转移出去，满足用户规避缺陷的潜意识。比如一篇爆款文案的标题是《女人的作，都是男人的错》，这个标题就把一些女人的缺陷，也就是"作"，进行了合理化的解释，即是因为男人情商低。当这个标题出现在我们的朋友圈时，我们会有很强烈的欲望点进去看看。这样的案例非常多，这种方法也并非只能用在文案上，比如轻奢用品就是合理化用户买不起奢侈品的缺陷，轻熟风就是合理化用户走成熟风但是本身却很年轻的缺陷。我们要知道，无论是在心理方面还是生活中，人身上的缺陷是数不尽的，如果去寻找你的目标用户身上共同的缺陷,然后将这些缺陷合理化,那么你的营销就如同吃货手中的美食,让他们抵抗不了。

二、共情式怜悯

人会倾向于对被压迫、被迫害的人产生一种共情式怜悯,当这些人成功逆袭后便会让人出现很强的共鸣感,比如从贫民窟走出的百万富翁,或者是"穷小子"逆袭成为"高富帅",那种"曾经的我你爱理不理,现在的我你高攀不起"的逆袭心理自然会获得大众追捧。共情式怜悯的技巧十分好用,有两个思路:一个是把主人公的经历包装成多灾多难的故事(选秀节目惯用手法),另一个是把强者描述成恶魔。

前者的思路是把主人公的故事包装得有起有落、先抑后扬,这样的包装方式能够激起大众的同理心,把故事代入自己身上,认为自己是不是也可以这样去做,也能够获得这样的成功,产生将心比心的感觉。其实这种方式很好理解,我们往往不喜欢成天炫耀的人,但是却喜欢"自黑"的人,因为"自黑"往往能够给大众一种"我和他的差距没那么大""别人比我还惨"的感觉,从而使大众产生共鸣,降低对营销故事的提防程度。

比如某漫画作者用《对不起,我只过1%的生活》这则漫画广告,为自己树立了凭借坚持和努力实现了1%梦想的励志

"90后"形象。这则漫画一开始就是表现自己被老师说画得太烂、被父亲说学美术太花钱,自己的母亲患心脏病没钱住院、交不起学费,甚至父亲出了车祸家里断了收入。在这种悲惨的境遇下,这位漫画作者却依然实现了自己的漫画梦想,而后继续在创业的道路上"卖惨"。最后漫画作者设计反转成功的剧情,然后在App创立道路上"卖惨",又再设计反转成功的剧情。轮番下来,很轻易地就引起了大众的共鸣,以"梦想""90后""坚持"这些标签俘获了一大批App用户。

后者的思路是站在弱者的立场上去控诉强者的欺凌,这种方式也能够很快地引起大众的同情心。2014年,某知名视频网站和某社交软件在伪装合作的情况下剽窃某新青年艺术团队的一个使用气球拍摄地球的创意,该团队在交涉失败后,发布了《少年不可欺》一文对该视频网站和社交软件进行声讨。这就是以被抄袭者的弱者形象,正面对抗视频网站和社交软件的强者形象;以少年的弱者形象,对抗成年人的强者形象。在两种形象的对抗下,视频网站和社交软件欺凌弱者的形象就很鲜明地显现了出来,所以引发了舆论对视频网站和社交软件的声讨,最终以视频网站撤下侵权视频,表示承担所有责任结束。这种弱者与强者之间的冲突,让广大网民产生了强烈的同情和共鸣感。

我们把共情式怜悯的思路总结出来其实就可以清晰地发现,"卖惨"和控诉强者其实只是一种方式,最重要的还是了解用户的生活和心理。当用户为买房而感到苦恼的时候,你哭诉被一次高端海外游的酒店坑了钱,这种做法是无法引起他们的共鸣的。只有把自己放在与用户同等,甚至比用户更弱的位置上,去切身体会用户每天接触到的东西,根据这些感受去设计营销方案,才能取得更好的效果。

三、攻击热门

攻击热门是一种重要的营销策划技巧。

攻击热门的关键点有两个:第一,我们要理解大众的情绪,最常见的情绪有爱国、同情弱者等;第二,当大家都讨厌热点中涉及的事物时才去攻击,否则攻击是无效的。当然,也有一些出奇制胜的情况,就是在大家一边倒地支持热点中涉及的事物时去攻击,虽然这种方式能获得一定的曝光度,但也很容易让别人产生厌恶感,进而影响自己的形象,尤其是企业的形象,而且也不一定能取得特别好的效果。比如《战狼2》,虽然《战狼2》作为一部电影并不能称为完美,但是在一片叫好的形势下,如果去攻击它,就很容易被拥护者"舆论群殴"。

攻击热门有很多经典案例。2015年,一篇名为《红包大战,阿里的"城池"是怎么丢的?》的文章获得了非常可观的曝光量,这篇文章就做到了理解用户的情绪,利用大众对集五福难度高、收益少的不满,在大家都在指责阿里巴巴小气的时候,顺势去攻击它。这时候抢占话题先机,说出大众想说的话,就能够很快成为热点。

虽然攻击热门的效果比较好,容易出奇制胜,但是我们在攻击热门的时候,也有两点需要注意。第一点是要规避政策风险,第二点是要规避消费者对"骂战"的本能反感。

政策风险是一定要规避的,比如针对洪涝灾害、地震等事件,发表言论时一定要谨慎,稍有不慎就会触犯法律。

所谓规避消费者对"骂战"的本能反感,简单来说就是我们在攻击的时候不能太过分,要有一定的逻辑和分寸,虽然不是必须条理分明、有理有据,但至少我们说的话要能够让人信服。有些人在攻击热门的时候会用为骂而骂的方式,这是有问题的。当大众舆论处在高度认同的时候,你去攻击热点可以一呼百应,但是有些时候不那么容易切入,也不易引起共鸣,这个时候你强行去攻击,效果就不会太好,甚至可能把大众激怒。

某博主的微博就是一个典型的负面案例。2015年某明星夫妻离婚事件因为女方的出轨和转移财产引起轩然大波,在闹得沸沸扬扬的时候,该博主因逆向发微博骂男方而小火了一把,但是因为该博主的立场有违主流舆论观,火了没多久就销声匿迹了。后面该博主又多次用类似方法去攻击各种热点,但由于大众对其本身的厌恶,获得的传播量变得越来越少,大多数博文的转发也少得可怜,甚至为零。总体来说,攻击热门是一种逆向操作手法,通过制造冲突点来进行反向营销。选择的攻击点是基础，如果选得好，后续的营销也跟得上，就可以获得比较好的效果。

3.5 超级话题营销的传播策略

一、诱饵策略

1. 什么是诱饵策略

诱饵策略，从字面上看就可以理解，如同在钓鱼时，需要在鱼钩上放上一些诱饵才会有鱼上钩。我们在做营销时也一样，给予用户一定的好处，从而引发用户参与整个营销过程，这就是诱饵策略。

2. 诱饵策略的解析

其实诱饵策略在我们生活中是无处不在的，无论是淘宝店送优惠券，还是商家在大街上让行人扫二维码送气球，都运用了这一策略。某商场用降价20%的方式销售一款滞销的双人床和席梦思床垫，这种策略并没有得到很大的反响。于是商场采取了捆绑销售的方式，即花3 000元就能购买到原价2 980元的双人床和原价750元的席梦思床垫，制造了买一送一的诱饵，挑起了用户的购买欲望。事实上，这两种营销方式所花费的成本差别并不大,但是买一送一的方式却使原本滞销的商品变得热销起来。

导致这种情况的主要原因就在于,我们每个人在做一件事的时候,都会进行下意识的比较,在这种比较中,感性会多于理性,所以参照物越大,反差越大,用户就会觉得越优惠,双人床和席梦思床垫的案例就在于20%的降价的反差要小于买一送一(50%)的反差。这种行为其实很好理解,比如现在有两个选择摆在你的面前:

1)每天给你1 000元,给30天。

2)第一天给你1元,第二天给你2元,后一天是前一天的两倍,给30天。

大多数人在遇到这种情况时都会下意识地选择前者,但是事实上,前者一个月共可以获得3万元,而后者在第16天就可以获得3万多元了,而后还会进行十几次的翻倍,累加下来的金额要远远超过前者。和前面的案例一样,前者1 000元的吸引力要远高于后者的1元、2元……所以前者会更受青睐。从上面的案例可以看出,我们给用户优惠,用户不一定能"上钩",因此一定要把诱饵做得足够诱人,要了解用户的消费心理。

3. 一些常见的诱饵策略

(1)红包诱饵。

红包诱饵其实并非靠发红包而吸引用户,如果对用户没有足够的了解，就很容易弄巧成拙，比如一开始发红包发得多或频繁，让用户认为这是理所当然，到后面再突然缩减红包金额或停止发红包，就很容易让用户对商家产生不满的心理。所以了解抢红包用户的心理是十分重要的，一般有3种：贪便宜、寻求欢乐氛围、人情债。

贪便宜是绝大部分用户都拥有的一个心理，是人性中趋利避害的本能驱使，所以就算现在有些在生活上已经过得比较富足的人，看到红包也还会去抢。利用这种心理，在营销方面可以采取很多玩法，如"双十一"、闪电促销等。

在快节奏的生活模式下，欢乐与轻松的氛围更能让用户产生归属感。但是仅仅依靠用户抢到红包的喜悦感是不够的，因为有限的红包不可能满足所有用户，那么就可以利用红包塑造"抢红包"的氛围。例如，对于春晚时主持人口播、企业联合发放红包的摇一摇活动，其实用户参加活动领到的红包也没有几元钱，但是由于电视、网络为这种活动赋予了一种过节的欢乐气氛，所以促成了"全民摇一摇"的热潮。

拿人手短是人们一个根深蒂固的观念，大家在抢红包的时候都是很开心的，同时在领到红包后，还会对发放红包的人产生一种人情债心理，在这种心理下，发红包的人可以用轻松诙谐的方式请对方进行转发，大多数人都是会接受的。需要注意的是，不要没有话术就直接发出需转发的链接再发出红包，这种方式人情味不足，容易让用户产生等价交换的心理，甚至会觉得领到的红包并不值得自己去进行转发，出现红包没人领的冷场状况。

裂变的红包玩法有几种特征：可以多人参与、可以传递，价值不低于用户的期待值。这个类型最为典型的例子就是2017年美团外卖推出的大红包，即发红包时红包上会提示第几个人可以获得大红包，这种做法让美团外卖红包链接的分享变得更加频繁，同时红包上的商业信息也能够更好地传递出去。

（2）福利诱饵。

淘宝有一个"天天特卖"的渠道，里面有个栏目的产品每一件的售价都不超过9.9元，而且全部包邮，算上邮费，商家是不赚钱甚至是亏本的。尽管如此，却还是有许多商家申请加入这个渠道，事实上，这就是一个典型的福利诱饵。

因为福利诱饵吸引用户到店的同时，还能提高用户留存的概率，增加用户二次购买的可能性，尽管商家在某个地方亏了钱，但他们还是能靠店里另一件正常价位的产品弥补回来。例如，某美容院推出了免费送玻尿酸的福利活动，表面上看，这家美容院是亏的，但是事实上，用玻尿酸塑形打一支是不够的，如果想做完一个医学美容的疗程，用户就需要自主支付后续玻尿酸的费用，商家就在用户后续的消费中把钱赚回来了。哪怕用户只是用一支玻尿酸进行祛皱美容，那么在免费的心理负担下，这些用户也会在店员的引导下购买其他产品，甚至会复购。整个购物行为核算下来，商家依旧是赚的。

所以我们在做营销的时候，可以在提供的服务或产品矩阵中，选取一项服务或一款产品作为福利诱饵，用来吸引用户的眼球。从表面上看这种做法是亏钱的，但是它一方面扩大了品牌的影响力，另一方面又带动了矩阵内其他服务或产品的销售，事实上是赚钱的。

二、让用户自认为高人一等策略

让用户认为自己高人一等是一种非常取巧的传播策略，前文已经说过，用户之所以会主动传播，是因为其获得了某种程度的自我满足，这种满足来源于靠各种形式的炫耀带来的自我价值实现，其中一种形式就是让传播者自以为聪明。这种策略的心理逻辑是什么呢？有人说，一个人越缺什么，就越喜欢在人前炫耀什么。那些经常晒车炫富的，其实恰恰可能并不富有；那些经常秀恩爱晒幸福的，其实恰恰可能婚姻或者恋情遇到了危机，需要通过晒幸福来增加安全感。

同时我们也可以从各大社交媒体评论区火热的"对骂""评论"中看到，很多人都有"秀智商"的心理，因此，做出看似"愚蠢"或者"粗制滥造"的行为，可以大大激发"吃瓜"群众"秀智商"的举动。

这样的案例其实比比皆是，当事人看似"可笑""不自量力",但这恰恰成了看客的谈资。

2016年春节,被称为"最丑组合"的某国内女团在网上刷屏了,在爆红的一周内,她们的微博增加了近20万粉丝,单条微博的阅读量超过10万,相关话题的阅读量超过1.5亿,到2018年8月,她们微博的粉丝已经超过160万。其实这个女团的成员谈不上漂亮,最初走红是因为她们发出来的充满乡土气息的照片。当时的女团有很多,为什么只有这个女团火了呢?

因为她们是以"丑"为特色的,给受众提供调侃的空间,衬托出用户的优越感,从而引爆话题。其实此女团的走红并非偶然,当时我们在网络上看到的内容越来越趋向于精品化,2015年还出现了《琅琊榜》《无心法师》这些无论是剧本还是制作都十分精良的作品,而以搞笑出身的《万万没想到》这样的网络视频也开始走向成熟,所以便出现了猎奇内容的缺口,《太子妃升职记》的出现就是一个很明显的标志,而这个女团就是填补了这一缺口。

从以上案例可以看出,我们需要的只是打造这样的素材,并且源源不断地将它们"喂食"给大众,这样就可以实现自发传播。如何打作这类素材呢?在选材上有两个方向,下面将一一介绍。

1)自以为是——引发大众在情商上对"素材"的碾压,彰显自己更为睿智。这点我在越南"杀马特"的营销事件上也曾经用过。其实这种方式并不新鲜，我前面所提到的某女团走红的原因也是因为她们各方面的能力（唱歌、造型、舞蹈等）不足以达到出道的水平，甚至低于普通人的水平，才引发了群嘲。而这种方式就是通过突出主角的"不睿智"，来引发用户表达自己的"睿智"，从而形成热点。

2）当众出糗——引发大众对"素材"的嘲笑从而彰显自己更聪明。很多明星的"自黑"，其实都是根据这个思路来策划的。

三、打破常规的突进策略

认真想一想，在平淡的生活中什么样的事情最能引起我们的注意？能够瞬间让我们关注、引起我们讨论的话题一般都是那些意料之外的事情，比如家长陪孩子写作业突发心梗住院、87岁老人上快手开直播等，这些能够快速吸引大众注意的内容都有一个共同点，就是打破常规。我们在日常生活中要接收无数信息，为了更好地处理这些信息，我们会将长期不变的那些信息认定为常规信息，并且对这些内容习以为常，这种固定不变的看法也就形成了我们的三观（世界观、价值观、人生观）。但是人脑对各种变化的应激能力还是十分敏感的，所以我们要想迅速让大众接收我们的信息，有一个捷径就是"打破"用户的三观。

"打破三观"有两种方式，一种方式是构建新的观念，然后灌输给受众，让受众树立一种根深蒂固的理念。例如，"钻石恒久远，一颗永流传"就是这种方式的最佳典范。钻石只是一块石头，但是结婚的时候不让你买钻戒，你愿意吗？De Beers（戴·比尔斯，全球最大的钻石开采公司）为钻石赋予了爱情光环，让大众把钻石与爱情画上等号，让大众产生了新的观念，持续至今。还有现在的口红效应，很多人认为男友送女友口红是一种对女友用心的表现。大众会有这种印象，其实就来源于YSL（圣罗兰）的一次营销。不只是钻石和口红，我们在生活中会不断地受到冲击，然后重塑自己的三观。"每三个月换一次牙刷"仅仅是商家的营销手段，但是却成了无数人遵循的生活"常识"。

另一种方式就是打破大众的常规思维，也就是让受众从心底问道：还有这种操作？这是我们常规理解中的"打破三观"。虽然"打破三观"的方式在市场上能够轻易获得突进的效果，不用担心没流量、没话题，有时候还可以获得媒体的自发传播，但是也需要更稳妥地去运用，否则也极易产生负面影响。这里有两点需要注意，一是要做到合理，二是要做到合法。

合理即让受众觉得你提出来的理念切实可行，如果只为了让用户三观被打破而胡说八道，则会适得其反。比如你要卖一个枕头，为用户塑造"睡这个枕头，你能梦到初恋"的观念是可以的，而如果你要塑造"睡这个枕头，你才能睡得好"，用户自然会觉得你胡说八道，是为卖而强加概念。

合法即我们提出的理念不能触碰法律的底线。2015 年，北京某公司请了几个美女穿着比基尼，在身上印着宣传标语和二维码游街推广产品，她们游街没过多久，便被警察带走，这就是突破底线的低俗炒作。

3.6　超级话题的设计误区

在设计超级话题营销的过程中，往往会陷入以下两个误区。

一、陷入成本黑洞

一种成本黑洞是指试图用零成本，或者极低的成本，去制造一个大事件，妄图轻易做出爆点营销的效果。虽然说真正的裂变营销的最大特征是用最低的成本完成尽可能多的转化，但这并不代表我们就可以用零成本做到，因为营销是一个全方位的运作流程，如果没有成本投入，就很容易陷入只想不做的情景当中。

另一种成本黑洞是指投入了大量成本，用巨额广告费打通最热门的渠道,但是所获取的转化却寥寥无几。判断自己是否处于这种成本黑洞非常简单。如果你在营销中花费了大量的成本,但是所获取的转化远远低于预定目标,性价比低,甚至是亏本,那你可能已经深陷其中了。

陷入成本黑洞的营销行为往往有以下两个共性。

其一,不考虑市场需求。这种行为一般常见于大企业,他们基于自身有了一定的影响力和市场占有率,不考虑市场需要什么,而只考虑自己推出了什么产品,根据自己的产品来打广告。

举例来说,我之前服务过一个品牌,在为他们做营销之前,我查看了他们做的所有营销活动的复盘,据说这些营销活动花费了几千万元的广告投入,可是在接触此品牌前,我没有在社交网络或者生活中见到过任何与之相关的广告元素。可以说,这几千万元算是白白浪费了。失败的原因也很简单,该品牌过去的广告无论是文案还是画面都表现得非常"自嗨",打广告的出发点是自己,从来没有考虑过用户的需求,做出来的东西只是自己觉得好玩,在自己的朋友圈转一转,在公司内部发一发,但是实际上,这样做用户是看不到广告的,即使看到了也不感兴趣,这就导致所谓的巨额投入失去了现实意义。我们也许会觉得做这种事情挺傻的,但这在现实生活中很常见。

其二,把用户当"傻子"。这个要比"自嗨"更严重,"自嗨"的结果仅仅是广告没有作用,而如果把用户当"傻子",可能还会带来负面的效果。有个简单的判定标准：广告主是否以自己的思维设定路径，然后让用户按照设定的路径去狂欢。

这种情况很常见，尤其大企业居多。我曾经在报纸上做过一个"不懂为什么"体的广告，火遍全国，这个案例的详细解析我会在后文中提到，这里不多做分析。由于广告大热，有许多地产商找到我，他们也想在报纸上做类似的广告，但创意是他们自带的，想让我做的是用新媒体去宣发。但是他们的广告往往十分夸张，甚至故弄玄虚，比如在报纸上放一个二维码，并配上"明天我要在××广场做一件大事，敬请期待""今天头版没有广告""明天全城都在做××"这样的文案，然后要求自媒体人或者各领域的 KOL 对这些广告进行转发，甚至大肆吹嘘一番。他们企图直接用复制的方式去操控用户，但是其实受众并不傻，这样做反而会让受众产生被愚弄的感觉，从而对广告、品牌产生反感情绪。

摆脱成本黑洞有很多种方式，最重要的就是不能把受众当"傻子"，而应该让受众以某种方式参与到互动中来。参与的方式可以是娱乐的方式，就像"不懂为什么"体会让受众觉得很好玩，所以哪怕知道这是一个硬得不能再硬的文案，也会主动进行转发和二次加工后传播；参与的方式还可以是评论的方式，我们可以设置评论点，让受众主动去评论，从而实现裂变。

营销最终能完成病毒式的裂变，关键在于第一级传播之后能诱发裂变的触点，引起第二级的裂变，以此类推，完成第三、第四、第五级的裂变，从而像水波纹一样扩散出去。

但是后面几级的裂变一般并不容易出现，所以一旦受众缺少了参与第一级到第二级裂变的动力，营销就只能停留在第一级。要知道，只停留在第一级的传播，永远是最耗费成本的。甚至有的营销由于文案过于"自嗨"，连第一级的传播都无法达到。裂变的动力需要我们根据人性去设计，一切可以驱动受众参与的元素都能加以利用，这会在后面的章节详细阐述。

话题营销为什么能达到高性价比的营销效果呢？因为真正的话题营销往往是策划者只在事件中心点了一把火，而这个火却是受众愿意主动传递下去的，从第一级传递到第二级，最终形成燎原之火的裂变态势。

总之，我们在做话题营销的时候，一定要避免踏入成本黑洞，否则就会陷入吃力不讨好的窘境当中。

二、自嗨

说到营销，很多人都会做，但是绝大部分人所认为的营销通常是以下几种模式。

1）病毒视频＋KOL＋海报＋媒体合作＝全民疯传。

2）微博活动＋KOL＋转发抽奖＋H5页面＝转发热潮。

3）H5页面＋海报＋KOL＋软文发布＝全民参与。

4）微信软文 + 微博热门 + KOL + UGC = 爆款事件。

这种直接套公式的营销方式，在某种意义上的确可以解决方法论的问题，但并不代表这种模式一定有用，因为一旦方向有错，就很容易陷入"自嗨"的误区中。

然而目前市场上常见的营销绝大多数都是"自嗨"营销，主要表现为以下几种形式。

1. 迷恋不走心的口号

其实这种行为在日常生活中很常见。当我们走进商场想买洗衣机时，看到的宣传语是"创造美好生活"；当我们想去买副耳机时，看到的宣传语是"天籁之声，聆听不凡"；当我们想去旅行时，看到的广告文案是"畅享生活，快意人生"。这种口号虽然乍看上去有一种彰显品质的味道，但是其实它们都没有落在实处。"创造美好生活"的口号不仅洗衣机能用，空调也能用，热水器也能用。"天籁之声，聆听不凡"的口号，铁三角能用，索尼能用，AKG（爱科技）也能用。而"畅享生活，快意人生"的口号就是把一些玄而又玄的词语，根据一定的公式组合在一起，变成一句"闪闪发光"的"自嗨"口号。想出这种类型的口号很容易，比如现在需要写一个房地产行业的口号，我们可以先花 5 分钟整理一个词汇表。

形容感受的词：畅享、尊贵、领衔、品质、坐拥、完美、坐享、不凡、至尊、温馨、快意、成就……

相关定义：风情、人生、繁华、风光、时代、风范、灵气、恬静、意境、梦想……

相关定语：自然、生活、园林、中央、湖景、天地、家园、领域、山水、花园……

然后从上面的词汇表中挑选词语，以"感受+相关定语"和"感受+相关定义"的公式进行组词："畅享天地，坐拥风情""完美生活，至尊风范""领衔中央，不凡风光""品质家园，坐享繁华"……

想出口号非常容易，可是并没有什么用。为什么说这些口号是不走心的口号？就是因为写这些口号的人，可能根本就不知道自己想要表达什么，也不知道自己在写什么，那么顾客也就更不可能知道这些文案在表达什么。口号戳不到顾客的痛点，口号就是没用的，就是廉价的。

现在有很多品牌自身名不见真传，但是其在广告中尤其喜欢用国际顶级、第一、前列、最强、最新等"自嗨"词汇，先不说这种行为已经违反了广告法，实际上，这种广告打出去，用户是不相信的、无感的，没有办法吸引用户的关注，到最后，这种广告只能沦为销售方的"自嗨"。

2. 盲目套用新玩法、新概念

很多"自嗨"营销就是这样，盲目套用新玩法、新概念，但都是换汤不换药。比如现在社群裂变的营销方式还是非常有效的，就有很多人想要抓住这个红利，于是某地产商找到我，表明想要用社群裂变的方式来进行房地产营销，但是这种营销行为是行不通的。因为真正的社群裂变是基于使用场景的。大部分社群裂变的主要目的并不是扩大传播，而是引导用户关注某一个微信公众号，从而实现增粉。尤其要注意的是，这种社群裂变一般是基于某种喜好而触发的，比如基于对萌宝、宠物、家居等的喜欢，因此在用户关注微信公众号后，只要微信公众号的内容安排得当，是可以实现客户留存的。

  这种营销模式并不适用于房地产领域的原因就在于购买房产是一次性消费，所以地产商主要注重传播，而并非客户的留存。地产商往往以某个福利为由头进行社群裂变，从而达到涨粉的目的，这样的营销模式在一开始就出现了很多问题。首先，并非这个垂直领域下的所有人都会在乎、喜欢地产商的福利，如果房产是面向中产阶级的，但地产商送出的福利只是几元钱一个的手持风扇，那么这种裂变明显是不成功的。甚至有的商家为了吸引粉丝，打出来的广告还是不能实现的假福利，那就只能起到反作用了。再者，就算有人被福利吸引了，然而这些人并不是基于自己的喜好而进入这个平台的，他们和这个平台没有匹配度，当这个平台被地产广告占满时，掉粉也是一件非常快的事情，到最后留下来的大多是"僵尸粉"。花费大量成本和精力，大张旗鼓地做一个活动，最后对销量没有任何贡献，这就是一种很典型的"自嗨"。

3. 跟风"自嗨"

营销本来是一种需要提出创意的行为，但在很多时候却变成了"复制"。一个热点起来了，很多人认为跟着学就能火，也不考虑使用场景和使用目的。比如某个广告的文案火了，想也没想就直接复制过来替换成自己的产品，但是有时候场景、产品不对，虽然替换过来的句式是一样的，但是含义就大相径庭了，甚至会让人觉得莫名其妙。比如前几年小米刚刚做饥饿营销的时候效果很显著，于是各行各业的人就开始跟风学了起来。一大帮创业者前赴后继，没有认真思考这个营销方法是否适合自己就开始实践，结果公司业绩反而不如从前。

4. 自我臆想及自我视角的"自嗨"

自我臆想是指根本不考虑用户的需求，认为自己做出来的东西，只要传播出去就会有人喝彩。比如常常故弄玄虚，在某个报纸的头版放一个二维码，然后写一句别人看不懂的话，或者刻意制造一些让人感到莫名其妙的话题，甚至让人费解的谜题，以为受众会按照自己设定好的线路去追踪，这当然不会成功。但是事实上，还是有很多人源源不断地陷入这个误区当中。

就像曾经红了一段时间的鸳鸯马桶，设计师的初衷也许只是为了解决如厕者孤单无聊的问题,让亲近的人一起如厕,互相陪伴。可是站在用户的角度去考虑,这只会让他们感到尴尬。

  自我视角的"自嗨"在于不考虑用户的需求,而是站在自己的角度去做营销,这其中的问题是,很多人只考虑"我想给用户什么",而不考虑"用户需要什么"。比如某药店给我发了一条短信,告诉我赶紧去买药,原因不是最近有流感,也不是我生病了,而是药店有打折活动,这种行为就是站在自己的立场上的营销。再简单点说,就像有一个人在大街上摔了一跤,站在用户的视角上,其反应应该是:啊,我的膝盖很疼。于是,摔倒→膝盖很疼→需要药物→推销药物,这是一个很合理也很有效的过程。但是现在大部分人都站在自我视角上,而忽略了用户的需求,一个人摔倒了,他们首先考虑的是摔倒了→因为鞋子不合脚才摔倒→向用户推荐鞋子。

  这个过程看上去很合理,但却不是当下用户想要的,用户的脚很疼,你推荐鞋子有什么用呢?

  市面上90%的话题营销几乎都是以上四种形式,这也是大家都在做营销,但是把营销做爆的却只是少数人的原因。

第 4 章

4F 超级话题营销法

4.1 什么是 4F 超级话题营销法

4F 超级话题营销法是我自创的一套营销理论体系，所谓 4F 就是：发射（Fire）、裂变（Fission）、发酵（Fermentation）、效果（Fine）。

发射——设计超级话题并精准引爆。

裂变——铺设裂变渠道。

发酵——利用技巧与手段控制话题发酵。

效果——建立完善的机制，保障执行效果。

超级话题营销的整个过程是一个营销逻辑闭环，我把它叫作"TPS 转化环"（见下图），首先通过正向话题（Topic）定位人群，其次通过社交媒体让品牌势能（Potential Energy）裂变爆发，最后通过流量沉淀实现主动搜索（Search），进而实现品效转化。

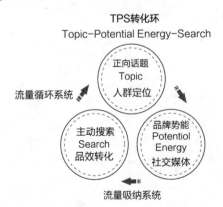

4.2 发射

一、摄影机法

为了避免设计的话题成为"自嗨",我设计了一个"摄影机法"。摄影机法即在做营销之前,把整个传播场景在脑海中做一个沙盘推演,从第一步开始,以一个摄影机的视角逐步延展开去,根据自身所了解到的信息进行推导,设想出这个传播在触发后的一系列流程。

在使用摄影机法时,我们要先在心中构造一个营销空间,从营销的第一步起,一步一步进行推演:什么时候开始投放、选择什么样的渠道、在什么样的节点应该采取什么策略。同时,我们也要分析进行渠道投放以后,受众会产生什么样的反应、裂变是否能够发生、到第几次裂变传播速度开始减缓、到什么时候应该收尾。当我们把整个事件在脑海中推演一遍以后,如果依然认为这个营销活动是可行的,那就可以执行了。当然,要想让营销活动取得预期的效果,还要做到以下几点。

1. 全方位了解

全方位了解即对自己企业的现状、受众情绪有全方位的了解。我们在使用摄影机法时,有一个前提条件十分重要,即我们所设定的场景必须是真实的。我们在联想时,不能夸大自己的影响力,也不能用我们的主观情绪代替受众的情绪,否则很容易陷入"自嗨"。所以在进行联想之前,我们要先做好充足的调查,无论是同类品牌的广告数据,还是面向用户的调查问卷,或者其他的相关信息,数据资料越详细,我们对自身的定位就越精准。当我们真正认识到自己所处的位置之后,再运用摄影机法时,自然而然地就能知道我们能够取得什么样的成果,什么类型的人会喜欢这个营销活动,而什么类型的人对这个营销活动没有感觉。在这个过程中,我们一边联想一边调整,最终做出的方案就一定是最有效的。

2. 抓住细节

做营销不是做游戏,真正落到实处的营销活动涉及方方面面的因素。在运用摄影机法的时候,每一个细节都不能放过。

举一个非常典型的例子,曾经有某个饮料品牌用自己生产的饮料做成了一根重12.5吨的冰棒作为营销噱头,他们号称这是世界上最大的冰棒,想要把它立在人流量非常大的广场上,这个想法很不错。但是真正落地实践的时候,我们就会发现这种做法是不可行的。如果是在寒冷天气在广场上放一根冰棒,估计谁都不想去靠近它;如果是在炎热的夏天在广场上放一根冰棒,可能喜欢它的人有很多,也会觉得很有趣,但是冰棒融化的速度也会很快,吃起来极其不方便,冰棒融化时滴下来的水也是个大麻烦。在使用摄影机法的时候，营销的各种细节都必须考虑周全，否则一颗螺丝钉也能毁了一条船。

3. 预估困难

在使用摄影机法的时候，我们需要预估每一个节点将会遇到的困难，做好充足的准备。墨菲定律是指如果我们正在担心某种不好的事情，祈祷这件事不要发生，那么很不幸，它总会发生。所以在运用摄影机法的时候，我们不要指望坏的事情不会发生，而是应该在坏事发生前做好万全的准备，妥当地处理和解决突发情况。

我所做的每一个案例几乎都会有这个过程。当然，我们要认识到这样的推导与实际操作肯定会有差距，但是提前演练能让我们很直观地看到这个创意的效果如何。同时，当我们的身份是乙方的时候，运用摄影机法，会更容易说服甲方。

二、传播场景的触点

前面说过，我们在选择场景的时候，要依托摄影机法。我们所选择的场景是需要通过触点进行触发的，在后文讲触点策略时我会详细分析这一点。

事实上，场景触发的主要目的就是刺激用户对产品的购买欲望，传统企业触发用户购买欲望的主要途径就是无差别地投放广告，以求提升品牌的知名度和曝光量。在过去网络不发达的时候，这种方法还是行之有效的，但是如今广告铺天盖地，仅仅依托这种单一的宣传方式是行不通的。

如何理解场景触发呢？我们可以从场景式营销的三个特点出发，去考虑场景触发。

1. 随时性

如果用户不带有明确的购物目的，那营销行为的难点就在于利用什么样的场景去引发用户的购物欲望。想要达到这种效果，需要从产品设计、用户体验等方面去考虑。

我们用摄影机法设想一下，如果要开一个家居店，店内产品是分类放比较好，还是用店内的产品搭建成一个居家场景比较好？店内产品分类放有助于带有明确购物目的的用户进行商品挑选，而居家场景更容易刺激用户产生目的外的购物欲望。这种方式可以参照宜家的场景式营销，即把沙发、茶几、台灯等产品搭建成一个让人身临其境的场景，让用户发现，原来这几样简单的家居用品能够搭建出这样出彩的效果，从而刺激用户的购买欲望。

同样，线上的淘宝店也没有放过这种有效的场景触发形式，选择了以图片为场景，在场景内加入可以直接跳转到商品的触点，在场景下列出购物清单，从而直接触发用户的购买欲望。

2. 传播性

当我们在线下做了一个非常有噱头的广告时，需要考虑的是什么？当然是实现最大范围的传播，而在线下做广告有一个致命的弱点，就是哪怕是在繁华的路段，人流量也是有限的，这就需要我们把这种效果放大，而把效果放大的一个必不可少的办法就是切换场景，这就涉及如何触发这些场景，常用的办法是设计好后文将介绍的触点。

对于我之前做的一些营销来说，触点可以简单到一张图片，当我们在报纸上打了一个有噱头的广告时，第一时间要做的是拍摄一张角度合适的照片，然后把它发到我们可以传播到的任何地方，就是这么简单的一个步骤，就完成了下一个场景的触发。

例如，"不懂为什么"体的触点就在朋友圈，在朋友圈进行第一层裂变。而红极一时的芝麻信用长文案的触点，就在于文案直击用户内心后，用户在微博上进行的主动拍照与传播分享。

3. 分类性

这个特点在于挖掘用户的个人特征、生活场景和生活圈，给用户立体而多样的场景体验。例如，我们使用的 App 每天会推送好几条广告，广告的推送是基于场景而设置的，当然，有做得不好的 App 也有做得好的 App。做得不好的 App，就是给不同的用户推送相同的广告，这样很容易让用户感到厌烦。而做得好的 App，如支付宝，当你出差或者去某地旅游时，就会自动为你推送当地的优惠券，这当然就能够很好地触动用户的消费欲望了。

4.3 裂变

一、裂变种子池的构建

1. 裂变种子池

裂变种子池是实现快速裂变的保障，拥有一定数量的种子用户，才能保障我们的裂变在第一步传播时就得到大量的扩散，并且种子用户的黏性和转化率都要比普通用户高得多。需要注意的是，构建种子用户池时，并非拉人进群就万事大吉了，而是需要通过精心的日常运营和维护，建立强而稳固的信任关系以后才算构建成功。

2. 种子用户的裂变方式

（1）熟人传播。

熟人，即与我们关系比较好的人。裂变的第一层，尤其是朋友圈裂变，都是依靠熟人进行传播的，甚至裂变的每一层都是熟人与熟人之间的接力，所以熟人传播的设置尤为重要。如果我们的裂变是通过朋友圈转发来实现的，那么让熟人友情转发时，还要在转发理由当中加入"诱饵"，确定熟人替我们转发时能够获取一定的"利益"，才能保证裂变的持续。仅仅打友情牌的熟人传播，在裂变第一层后就很容易偃旗息鼓。我们举个例子，如下图所示。

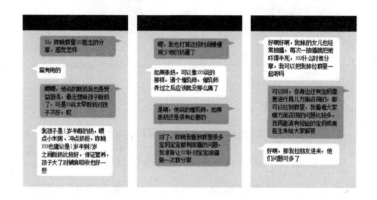

（2）微信群传播。

微信群传播，即通过微信群的裂变来完成传播的过程。和熟人传播不同，微信群传播更多是通过陌生人来实现，所以我们在做微信群传播时，不仅需要提前与群主沟通，还要把"诱饵"做得更诱人，这样才能够吸引群内的用户进行传播。例如，左下图为群主的话术截图，右下图为群内用户转发朋友圈的话术截图。

 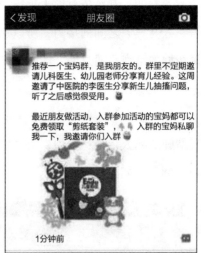

（3）粉丝传播。

粉丝传播是针对微信公众号粉丝而言的。与个人微信号不同，微信公众号的运营者无法与粉丝进行直接有效的交流，但微信公众号的好处在于触达人数广、文章转发容易、玩法多。可以在微信公众号的推文中设置"诱饵"，引导粉丝进行转发，从而达到裂变扩散的效果。需要说明的是，这种做法还能促进微信公众号粉丝的增长。

（4）KOL 传播。

KOL 传播是建立在与 KOL 合作的基础上的一种传播形式。我们可以选择品牌目标用户所关注的 KOL，根据 KOL 的风格来决定话术的风格，让 KOL 进行产品的测评与推荐等。例如，小米找的是电子科技类的 KOL，而化妆品更趋向于找美妆博主等。

（5）社群传播。

与"在别人群里传播"的微信群传播不同，社群传播更趋向于在自己组建的社群内进行传播。

微信群传播缺少一定的指向性，受众宽泛，不精准，往往会出现事倍功半的情形。

如果要获取更精准的用户，就需要自建社群了：在我们的品牌有了一定的用户基础后，可以找到第一批忠实粉丝组建种子社群，定期在种子社群中发放福利、高频互动，提升群内用户的信任感，从而形成一个稳定且忠诚度高的种子鱼塘。需要说明的是，社群并不一定是群的形态，它可以是包括群在内的一切可以让粉丝拥有仪式感、私密感的社区、封闭空间，比如有款 App 叫知识星球，用户根据兴趣组成各种各样的小圈子，每个圈子里的用户会针对星球主题进行分享、解答、互动，这也是社群的一种形态。

二、触点策略

1. 什么是触点策略

所谓触点策略，是借助病毒传播中的一些关键点引发裂变的玩法。

我们知道，原子弹是利用链式裂变反应来释放巨大的能量的，它使裂变不停发生，直至反应材料耗尽。用中子轰击处于临界体积中的反应材料（一般为铀和钚），然后使其分裂成2个中等质量的原子核及2~3个中子，一些中子损耗了，一些中子继续去轰击重原子核，使其继续分裂，往复不停直至反应材料耗尽。我们在做话题营销时，也需要中子，我把营销中的中子称为"触点"，一旦我们找到整个营销链条中的各级触点，就能快速引发梯级裂变。

2．如何找到触点

如何找到触点呢？这就需要我们在设计营销路径和做沙盘推演时，把整个场景的迁移、事件元素做成一个发散式的网格图。例如，我之前在给苏宁策划"818发烧购物节"的活动时就预埋了很多触点。在这次营销规划中，有线下场景，有线上传播，而线下场景和线上传播就通过触点相互连接。同样，线上传播从初始传播到舆论裂变，其间也有触点。我们在进行正常推导时都是比较理想化的，但在实际的执行过程中有可能会遇到很多突发和未知的情况，比如没有人将线下场景拍照发到网上怎么办？这个时候我们就必须轰击这个触点，怎么轰击呢？

比如对于拍照发朋友圈这种线上传播方式，我们可以邀请真实用户按照营销规划的要求拍照并发朋友圈，这样就可以确保在这个触点不会出现线下场景无法传导到线上进行传播的情况，而这样的触点越多，传递的能量就越大。同样，在线上传播中，有人转发朋友圈了，如果要完成裂变，让更多不受控的人进行转发，我们需要怎么做呢？同样也是找到触点。触点如何诱发呢？我们可以邀请大V、意见领袖率先进行评论和转发，这样一来，大V和意见领袖的粉丝便会开始跟着评论和转发，从而避免第一波传播后的疲软。

要找到触点其实不难，只是大部分人看到的只是微信、微博、贴吧这些表面上的行为触点，而没有真正运用我在前文中提到的摄影机法去发现用户的心理触点。要让触点能够真正吸引用户，比如美团、饿了么发红包的营销策略，就是通过让利益触发用户的心理触点；一过年就出现的新年签则是利用用户的好奇心作为触点。小米的营销把这些触点埋得很好，在小米的营销中，有很多个触发效果十分显著的触点。其一就是小米对裂变种子池的培养。小米的营销是从论坛开始的，他们在论坛中培养了一批忠实的粉丝，并在粉丝中树立了良好的口碑，小米的很多宣发点都是从这群用户所创造的内容中衍生出来的。其二，小米适时使用了饥饿营销的方式，营造出一种供不应求的热销景象。其三，小米还能制造话题让用户讨论，提升品牌影响力。从研发之初，小米就从没缺少过话题，比如与魅族相争、成本问题、断货问题等话题层出不穷，各种话题一出，媒体便同步跟进。其四，小米的高性价比和有温度的科技情怀,持续不断地吸引"年轻人"这一具有创造力的群体,培养了大批忠实粉丝。下图为小米触点策略的部分内容。

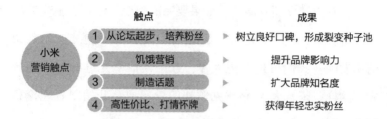

当然,小米所埋下的触点并不止这几种,还有分销渠道、产品端、产品体验、发布会等,可见,触点的预先设计是十分重要的。

4.4 发酵

一、什么是话题引导

对话题方向进行引导,就是通过一定的方法,对网民加以影响,把话题的风向引向对我们的品牌有利的方向。

二、如何进行话题引导

在社交媒体时代,任何个人言行的细微错误都可能被无限放大成舆论的焦点,从而影响整个企业的利益,如果企业对舆论处理不当，可能会引发非常惨重的后果。

某知名互联网公司的前用户体验总监在某个国际体验设计大会进行演讲时，因为其 PPT 存在内容敷衍、重复等问题，受到网络舆论的大肆攻击，最后公司不得不出面进行干预，以此人被移出公司管理团队收场。而这家公司之所以这么做，是因为此人的演讲不仅影响了他自身的形象，还把整个公司都推到了风口浪尖，对公司形象产生了不良影响。

2017 年 8 月的海底捞危机公关就是一个正向标杆案例。

海底捞是餐饮界的网红，其"视顾客为上帝"的服务模式深入人心，但 2017 年 8 月一段关于海底捞后厨的视频爆料将海底捞拉下了"神坛"。在视频中，一系列不达卫生标准的后厨操作频频出现在画面中。后厨事件曝光后，在网络上引起轩然大波。

通常来说，企业爆出丑闻，其品牌及企业形象也会跟着受损，公司的股票及运营也会受到冲击。但海底捞的股票不但没有下跌，反而应声上涨。这得益于海底捞娴熟的舆论引导能力。比如，海底捞在第一时间就承认媒体曝光属实，主动承认错误。这种切实考虑消费者利益的态度和做法，赢得了舆论的信任和谅解。

而对于危机发生后责任人的认定，海底捞首先表明责任由董事会全权承担，接着公开表明在此次危机整改措施中具体负责人的职位、姓名、电话，让危机整改变得透明化。同时还聘请第三方公司对各个角落卫生进行系统排查，消除了公众认为整改无法被监督的疑虑。这些做法进一步加强了舆论对海底捞的信任。

从海底捞的例子可以看出，在舆论危机出现后，企业除了第一时间出来认错，对舆论进行引导、提出解决问题的方案也至关重要。

1. 承担责任

在危机发生之后，我们首先要主动承担责任，让公众相信我们会去解决这个问题。如果这个时候把受众放在对立面，只会让公司受到更多指责，承担更多压力。要做到让舆论相信，需从利益和情绪两个方面入手。一方面审视受众利益，不让受众的利益受损，另一方面安抚受众，不让受众产生针对性情绪。

2017年1月，女游客在丽江被打毁容事件曝光之后，丽江有关的官微立即被网友攻陷，但丽江市古城区委宣传部官方微博@古宣发布在网友评论说"永远不会去的地方就是丽江"时，却直接回复"你最好永远别来！有你不多无你不少！"

这种推卸责任并且回怼的行为很大程度伤害了游客的集体感情。网民群情激奋，竞相发起了抵制丽江游的"网上游行"。2016年丽江的旅游收入和游客接待人数都处于走高的状态，但由于这次事件的影响，2017年营收和净利润出现了双双下降的情况,后面虽然采取了一系列的挽救措施,却收效甚微。

2.真诚沟通

在舆论危机出现时,我们需要拿出最大的诚意去沟通,态度至关重要,只有双方互相理解才能达成舆论和解。

2017年3月13日,某富豪之子在微博上曝光一家航空公司对经济舱乘客爱答不理,导致他与搭档最后只能露宿机场。而航空公司在得知他的身份后,对他的态度大变,10分钟就解决了问题。事件曝光后,航空公司微博的回应行文浮夸,态度敷衍,最后在舆论上遭到诟病。

相比之下,海底捞在危机公关中始终保持谦卑的态度,在公开信中多次表示"十分愧疚""十分惭愧和自责",真诚道歉的态度让大众选择了原谅。

3.速度第一

在舆情处理上,一直有"黄金6小时""黄金12小时"等说法。处理得越及时,就能越早介入危机,把控话语权。现在回顾以上几个案例,丽江事件是2016年1月曝出,但到2月官方依旧没有统一口径的回复,事件持续发酵,对涉事单位极为不利。而在航空公司的事件中,航空公司的官方微博在17.5小时后才给出官方回复。

再来回顾海底捞，2017年8月25日10点多《法制晚报》的报道揭发海底捞的食品卫生问题，海底捞在事发后不到3个小时就进行了以道歉为主题的第一次回应，20分钟后又接着发布了处理方案，这种速度遏制了事件的发酵，同时遏制了不良舆论的滋生和传播。

4．系统运作

在企业面临危机时，需要建立有效的协调机制，系统运作，以防止事态扩大和蔓延。

作为国内广受欢迎的家居品牌，宜家可以说是许多80后和90后心中置家的首选。但2017年5月，美国加州的一个2岁男孩被翻倒的宜家抽屉柜砸中，不幸离世，这并非第一次发生类似悲剧，宜家的抽屉柜也因此被贴上了"夺命抽屉柜"的标签。

美国时间2017年11月21日，当时抽屉柜已经导致8名儿童丧命，宜家宣布从北美市场召回系列抽屉柜、梳妆台等一系列有隐患的家具，总计超过1 730万件。

但由于悲剧并没有在我国发生，所以宜家的召回计划仅限于美国和加拿大，我国市场并未在召回范围内。而对于我国市场，宜家官方的处理办法仅仅是在官网和微博上提醒我国消费者将柜子固定在墙上。这引起了民众的强烈不满，于是宜家中国宣布允许消费者"有条件退货"，但依然不实行全面召回。直到半个月后,宜家收到来自国家质检总局的约谈,才决定召回我国市场的166多万件抽屉柜。这种"打一下动一动"的处理方法让不少消费者对宜家的好感度大幅下滑,"双重标准"的处理态度也让舆论开始转向品牌的对立面。

我们在面对危机时,不能只考虑眼前的既得利益,而是需要从大局出发,去考虑整个企业的发展。舆论的产生从来都不是空穴来风,往往都是有源头可寻的,所以我们要在事件出现的第一时间进行系统处理。

在线上,首先在舆论的源头对负面信息进行处理,即我们上面提到的承担责任、真诚沟通。其次就是对舆论的引导,在负面信息上,我们要第一时间"用事实说话",这比一味地压制负面消息更管用。最后就是信息发布,通过各个媒体和官方渠道发布正式通报和声明,引导舆论往好的方向发展。

在线下,要做好相应的地面信息传播,如发布会、相关声明、线下广告等。与此同时,还要统一员工口径,以防出现差错。同时与相关媒体做好沟通,梳理内容。如果需要控制负面舆论,还需要与消息源及时进行沟通和协调,如有必要,引入相关第三方进行调查处理。

海底捞很好地应用了这种系统运作机制:在线上,连发3封通报,先道歉,再处理,最后声明整改;在线下,落实新技术的运用，改良门店设计，并公布社会监督方式、整改具体负责人的职位、姓名甚至联系电话等，让大众与整改密切联系起来，这种周密的做法直接稳住了阵脚。

5. 权威证实

身处舆论中心的时候，我们自己的话往往是没有多少说服力的，所以聘请有权威性的第三方机构发言，能更好地破除大众的不信任感。

2016年，三星Note7爆炸事件在国内外陆续上演，而三星不但没有及时承担责任，还选择在检测方面做处理，把国内的第一起爆炸定性为"外部加热"，最后造成了无法估量的品牌损失。

而在海底捞事件中，海底捞采取了"聘请第三方公司在卫生死角排查除鼠""与第三方虫害治理公司合作"等措施，让第三方机构的介入彰显自己处理的透明性，而且主动向政府机关汇报，配合政府处理，增强了大众的信任感。

三、话题引导的四个注意事项

1. 搭建品牌的网络阵营

之所以说是阵营，是因为品牌的网络力量是多方面的，一方面可以像小米一样培养自己的忠实粉丝，另一方面也可以和相关领域的大 V、KOL 等合作。

2. 大数据的运用要以品牌为核心

在进行大数据监测时，要更注重自己品牌的核心，不要被热点所左右，和品牌核心无关的热点不要跟。

3. 与媒体搞好关系

与媒体的关系不能是那种"无事不登三宝殿"的状态，需要与媒体建立长期、稳定的关系，并且不能只寄希望于一家媒体，而是要多方搭线，这样才能在必要的时候以最快的速度发稿。

4. 塑造良好的品牌形象

公信力是很重要的，如果日常公信力不足，在出现舆情危机的时候，让公众去相信你是一件很难的事，所以日常的品牌宣传和口碑建设工作也是必不可少的。

四、三种常见的话题引导方法

1. 转移矛盾

转移矛盾是指弱化主要矛盾，让大众的目光转移到其他地方。例如，2015 年 5 月，网易的网络受到攻击，在正式发表声明后，网易打造了"网易大楼着火了""复仇者联盟已经出动"这些梗，并与合作的段子手共同发声，使整件事情娱乐化，很好地分散了用户对网易服务器的关注度。

2. 激化问题

激化问题是指利用媒体力量，宣扬自己的观点，保持自己观点的曝光度，让持有同样观点的用户产生共鸣。2016年4月，顺丰的一辆快递车与一辆私家车发生了剐蹭，随后私家车车主对快递员进行了长时间的辱骂，并伴有打脸、爆粗口等恶劣行为，而快递员在道歉后并未还手。事件曝光后，顺丰并未启用内部力量压下热点，而是通过公司声援、公司总裁发声要讨回公道等一系列回应激化问题。这种行为让顺丰的企业形象得到了很大的提升。

3. 示弱

弱者总是更容易引发同情，所以示弱也是引导话题的一大杀器。当自身为弱者时，展示自己的弱，反衬出对方的强，二者的不平衡能塑造出弱者被强者欺压的形象。当自身为强者，被弱者诽谤时，如果不理不睬则会放任诽谤发酵，如果强行压制和态度生硬地回应则会被弱者当成把柄，这时示弱就是一个非常明智的选择。比如"毛巾哥"朱志军针对网易的维权事件，就是站在弱者的角度，引发了大家的同情。

4.5 效果

一、线上还是线下

1.线上与线下的优劣

线上营销的渠道有很多种,包括微信、微博、贴吧、网站及各大社交媒体平台等,玩法也各不相同,包括贴片、软文、追热点等。各种线上营销方式的共同点是传播速度快、能够突破地域限制。但是线上营销过于虚拟化,用户无法真实感受到商品、服务的质量,所以一旦到了转化环节,用户就会开始犹豫,产生"这个东西有图片上那么好吗?""能收到货吗?""售后怎么办?"这样的疑问,从而影响消费行为。

相比线上营销,线下营销虽然脱离了网络,影响的范围有限,但是商家却能够与用户进行面对面的沟通,互动感强,信任感也随之加强。常见的线下营销有促销、会展等。

"线上好还是线下好"的争论从来就没有停过,事实上,线上营销和线下营销从来都不是不能交汇的两个极端,把二者结合起来,才有可能使营销的效果最大化。

实际上,线上营销与线下营销的结合已然成为一个趋势,比如2016年年底,支付宝在和微信进行红包大战时就尝试推出了AR（增强现实）红包，这是LBS（基于位置服务）+ AR+抢红包三者相结合的玩法。AR红包具有定位地理信息和识别图像的特性，能够帮助支付宝直接打开线下渠道。AR红包开发了针对个人的红包和针对商家的红包，针对个人的红包只是增加了抢红包的新鲜感，而针对商家的红包却代表着一种新营销模式。商家把自己店铺的Logo或商品图片作为AR红包发送到线上，用户在线上看到后，若想要领取红包，就必须走出家门到商家的线下实体店去，这种方法很好地促进了线上对线下的引流。

2. 线上线下营销场景的搭建

（1）从线下引流到线上。

把用户从线下吸引到线上的方法有很多。在实体店宣传时，可以在店内放置二维码；可以在店内的海报和易拉宝上放置线上优惠的文案；可以在店内加入用户现场体验线上购物的环节及自助购物的环节；可以增加虚拟会员卡的设计，引导用户进行线上消费；可以发放虚拟购物券，刺激用户关注线上渠道等。

（2）从线上引流到线下。

要做好从线上到线下的引流，首先应把微信、微博、贴吧这些线上渠道的用户整合起来，通过内容运营留住用户，让用户建立对自身的认同，增强用户黏性。如何进行引流呢？我们可以设置特殊日期（如周年、生日、纪念日等），开展送礼或打折活动，刺激用户到店购物的欲望；也可以在线上发放虚拟优惠券、现金抵扣券，诱导用户到线下门店进行消费。

（3）双线场景的营销侧重点。

线上营销和线下营销都很重要，但是根据二者的不同，我们的营销是有所侧重的。对于线上来说，用户在线上消费时无法直接触达商品，为了消除用户的顾虑，我们需要增加其对品牌的信赖感，侧重于打造信任感，即情感营销。对于线下来说，消费者更注重产品和服务本身，所以在营销过程中，要把重心放在产品质量和服务特色上。需要注意的是，线上线下营销场景的整合并非单纯的渠道堆砌，而是需要制定合理的营销组合方案，让两种场景以最适合的方式互补，比如把线上的用户引流到线下，把线下的用户导入线上，使线下用户在线上平台的运营下变得对品牌更加信赖，让线上用户走入线下消费，促进更多转化。

二、社交媒体渠道（线上）

1. 社交媒体渠道的作用

早期有些人对社交层面上的营销多有误解，印象仅仅停留在经常在朋友圈利用熟人关系卖货、发展代理的微商。从2016年开始，人们开始意识到社交媒体对营销的重要性。与线下广告对大众狂轰滥炸的策略不同，投放在社交媒体上的广告能让用户很好地参与进来，并且在通过诱导促使用户转发的同时，还能够根据他们的意见与建议对自身的产品进行改进。盘点一下近两年的经典营销案例我们就可以发现，通过社交媒体引爆营销的案例有很多，社交媒体正逐渐成为重要的营销阵地。

2. 社交媒体渠道的分类

我按照特性将社交媒体分为几类：关系平台、算法平台、问答平台、直播平台和视频平台。

关系平台目前主要为微信和微博（简称双微）。微信包括个人号、微信群、微信公众号等形态。微信是当下极为重要的社交软件，从超10亿的月活跃用户数就可以知道，这是一个巨大的流量池。微博则包括企业官V、个人大V等。运营得好的企业官V有海尔、杜蕾斯等，他们非常擅长用官V为自己的品牌造势。得益于微博的开放性，很多热点话题都是在微博上引爆和发酵的。与私密性很强的微信朋友圈生态相比，微博更易产生连锁效应。但无论如何，微信和微博都是基于社交关系链建立起来的媒体生态，对宣传的重要旗鼓相当，不存在孰优孰劣。

算法平台主要是指以今日头条为代表的一系列基于用户使用行为精准推送内容的媒体平台，其利用自身"投其所好"

的运行机制将用户按照标签、画像进行分类，然后把商家的营销内容推送给精准用户，使营销效果最大化。

问答平台则包括知乎、分答、百度知道、360问答等，百度知道和360问答有屏蔽广告的机制，所以在这里我们主要把目光放在知乎和分答上。知乎和分答相对来说对内容质量的要求较高，其用户对广告的接受程度也普遍较高，所以更趋向于"内容+广告+社交"的模式。

直播平台包括映客、斗鱼、花椒、一直播等。从2016年开始，直播平台就爆发了，甚至形成了一个庞大的产业链。相较于其他平台，直播平台是主播一人面向多人的社交模式，所以营销一般都聚焦在主播身上。

视频平台包括抖音、快手、美拍、秒拍、优酷等，目前随着4G（第四代移动通信技术）的普及，各短视频平台正经历着一个快速增长期，特别是代表短视频潮流的抖音的横空出世，更是让人确信短视频正在逐步取代图文成为主流媒体形式。

3. 五类社交媒体平台的实操思路

1）微信平台。

①微信个人号：微信个人号可以作为客户服务工具，打破微信公众号互动性弱的局限，使商家能更好地利用朋友圈等渠道把信息传递出去，完成裂变与转化。同时，也有人通过把微

信个人号打造成 KOL 账号，以意见领袖的方式进行软植入营销。

②微信群：可以利用微信群开展社团式的营销活动，打造种子用户池并引发裂变等。

③微信公众号：微信公众号的玩法有很多，从最基础的软文、H5 页面，到接入账号的小程序都可以成为很好的营销场景。例如，在用户拉新方面，包括爆文、H5 页面、投票、福利等形式。在用户留存方面，包括打卡、签到、每日领取福利等形式。

④微信的广告投放：微信的广告投放形式也是多种多样，比如根据用户画像在微信朋友圈进行精准投放的朋友圈广告；附属于微信，在文章末尾出现的广点通广告；新世相、胡辛束等 KOL 所发布的软广营销等。除了这些常规广告外，文章赞赏、昵称、头像广告等也是一些可以利用的营销场景。

2）微博平台。

①企业官 V。企业官 V 的玩法在于利用相应的营销内容，打造自己的品牌性格，提升自身的知名度。很多官 V 常常为了更亲近网民，做出扮萌、腹黑、自嘲等一系列只会出现在个人身上的特质，逐步摈弃了 PC（个人计算机）年代官网生硬、晦涩的刻板形象，同时会运营的品牌经常会利用各种热点进行借势营销。

②个人大 V。微博个人大 V 的粉丝动辄有几百万、几千

万,因为每天推送的内容没有次数限制,因此经常会以多带一的形式进行营销推广,即每发几条常规内容夹带一条广告内容的形式,有些比较厉害的大V,甚至可以把营销内容直接植入常规内容中,更有甚者通过在个人微博制造各种"热点",以获取粉丝围观来开展营销活动。另外,一些手机厂商也盯上了微博的一些很小的功能,比如微博博主在推送博文时,可以选择是用什么机型来推送的,这样一些手机品牌就和大V进行合作,让大V把手机换成自己的产品,这样每一次推送都意味着手机品牌的一次曝光,将植入营销玩得非常讨巧。

3)问答平台。

问答平台主要靠内容取胜,知乎与分答之所以能够抢占百度问答与360问答的市场份额,就是因为在知乎与分答上用户创造的内容要更优质些。在这两个平台上,用户创造优质内容就能在系统中获得更好的排名,得到相应的奖励。很多营销人把要推广的内容包装成问题铺设出去,通过设计奖励,吸引用户围观或作答,从而起到精准营销的作用。

4)直播平台。

①直播宣传。直播宣传类似于直播营销,同时企业还可以通过直播发布相关信息,比如新品发布会,或者座谈会、客户答谢会等。也有一些企业让主播口播带货,将直播间的流量导入商家个人微信号,然后再做转化。

②直播贴片。直播贴片大多是网红主播使用的,通过在直

播中的口头宣传或贴在信息栏的广告贴片,对粉丝进行引流,一般都会将粉丝引流到个人微信号或 QQ 号上。当然也有品牌做直播贴片只是为了品牌曝光。

5)视频平台。

①贴片广告。贴片广告是指在视频播放前、播放中甚至播放结束加入的广告。这类广告有拍摄者自己设计剪辑的,也有视频平台强行插入的。

②内容营销。内容营销即以营销为主要目的而创作的广告,这些广告以观众喜爱的内容形态展现出来,让观众主动去传播。比如在朋友圈刷屏的《上海美女教你吃大闸蟹》的视频就是这种玩法的典型案例。

③在视频中插播活动播报等。有些品牌通过与视频拍摄者合作,把一些互动预埋在视频内容中,比如抽奖活动,或者由拍摄者在视频中提出一个问题,如果观众想获得答案,需要关注视频里曝光的某一个微信个人号或者微信公众号等。

总体来说,社交媒体多种多样,玩法有很多。以上提到的仅是一些常规思路,看一百遍不如做一遍,建议选取其中的一两条实操,找到适合自己的营销套路。同时,我们在做社交媒体营销的时候,还要注重契合社交平台的调性,要把自己与用户放在对等的位置上,注重用户体验,让用户参与到营销活动当中,并积极根据他们的反馈与意见进行改良。

第 5 章

超级话题营销的四大应用

5.1 事件营销

事件营销是企业通过策划、组织和利用具有新闻价值、社会影响及名人效应的事件,吸引媒体、社会团体和消费者的兴趣与关注,以求提高企业或产品的知名度、美誉度,树立良好的品牌形象,并最终促成产品或服务销售的营销方式。

简单地说,事件营销就是通过把握新闻的规律,制造具有新闻价值的事件,并通过具体的操作,让这一新闻事件得以传播,从而达到做广告的效果。事件营销是近年来国内外十分流行的一种公关传播与市场推广手段,集新闻效应、广告效应、公共关系、形象传播、客户关系于一体,并为新产品推介、品牌展示创造机会,以求快速提升品牌知名度与美誉度。

一、事件营销的特性

1. 目的性

事件营销应该有明确的目的,这一点与广告的目的性是完全一致的。事件营销策划的第一步就是确定自己的目的,然后明确通过什么样的事件可以实现目的。

通常某一领域的新闻只会有特定的媒体感兴趣,并最终进行报道,而这个媒体的读者群也是相对固定的。

2. 风险性

事件营销的风险来自于媒体的不可控和新闻接收者对新闻的理解程度。虽然事件营销可以提高企业的知名度,但如果人们得知了事情的真相,很可能会对企业产生一定的反感情绪,从而最终伤害到企业的长远利益。

3. 成本低

事件营销一般主要以软文形式来实施,从而达到传播的目的,所以事件营销相对于平面媒体广告来说成本要低得多。事件营销应该归为企业的公关行为而非广告行为,因为虽然绝大多数的企业在进行公关活动时会列出媒体预算,但从严格意义上来讲,一个新闻意义足够大的公关事件应该能充分引起新闻媒体的关注和采访的欲望。

4. 多样性

事件营销是国内外十分流行的一种公关传播与市场推广手段,它具有多样性的特性,我们可以集新闻效应、广告效应、公共关系、形象传播、客户关系为一体来进行营销策划,多样性的事件营销已成为营销传播过程中的一把利器。

5. 新颖性

大多数受众对新奇、反常的热点事件好奇，事件营销往往是结合当下的热点事件来进行营销，这样事件营销就是将当下的热点事件展现给受众，因此它具有新颖性，不像许多过剩的"垃圾广告"一样让受众觉得很反感。

6. 效果明显

一般来说，通过一次事件营销就可以聚集很多用户进行讨论，然后很多门户网站都会进行转载，营销效果显而易见。

7. 求真务实

网络把传播主体与受众之间的信息不对称彻底打破，所以事件营销不能是恶意炒作，必须要做到实事求是，不弄虚作假，这是对事件营销最基本的要求。这既包括策划的事件本身要"真"，还包括由"事件"衍生的网络传播也要"真"。

8. 以善为本

所谓"以善为本"，就是要求事件的策划和网络传播都要做到：自觉维护公众利益，勇于承担社会责任。

随着市场竞争越来越激烈，企业的营销管理也不断走向成熟,企业在策划事件营销活动时必须要走出以"私利"为中心的误区,不但要强调与公众"互利",更要维护社会的"公利"。自觉考虑、维护社会公众利益也应该成为现代网络营销工作的一个基本准则。而营销实践也证明自觉维护社会公众利益更有利于企业实现目标,反之,如果企业只是一味追求一己私利,反倒要投入更多的精力和财力去应付本来可以避免的麻烦和障碍。

9. 力求完美

所谓"完美",就是要求策划事件营销时要注重企业行为的自我完善,要注意网络传播沟通的风度,要展现策划创意人员的智慧。

在利用网络进行事件传播时,企业应该安排专门人员把控网络信息的传播,这样既能掌握企业的全面状况,又能巧妙运用网络媒体的特性,还能尊重公众的感情和权利,保障沟通渠道的畅通完整,最终保护企业自身的利益。

二、奥迪广告的"翻车事件"

朋友圈曾出现了一个疑似"翻车事件":奥迪投放了一个朋友圈广告,结果播放的广告片是英菲尼迪的视频(见下图)。

事故发生后,腾讯广告也及时处理,并在第一时间发布了致歉函(见下图)。奥迪的这次广告共花费202元,却完成了一次朋友圈的话题刷屏,奥迪和英菲尼迪非但没有因此受损,反而获得了指数级的曝光,这就是事件营销的魅力。当然,从这件事的发展来看,不太像刻意为之,因为奥迪和英菲尼迪都属于国际大品牌,要和腾讯完成这么一出联动"炒作",的确有一定难度,一般大品牌的营销思路是宁愿效果小,也不要犯错,所以很多认为这次事件为炒作的言论是站不住脚的。

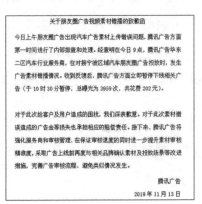

在我的社群里,有群友对腾讯广告的这次事件做了说明(见下图)。

的确,按照正常逻辑推理发现不可行的事情,才是事件营销会被引起注意的原因,我们大胆地设想一下,如果这件事出自某家同时为这两个品牌服务的公关公司之手的话,是不是事件营销就成立了?但是如果真的有推手在策划和操作这次事件,那么这个推手一定非常了解网民心理。不管是否刻意为之,话题中涉及的几大品牌在这次刷屏中不但毫发无损,反倒引爆了一波流量,最关键还有主动搜索的流量,而主动搜索的流量是最值钱的流量。

至于其他品牌如何借势(见下图),其实效果有,但不会太大,但是蹭免费的话题营销流量,何乐而不为呢?但是依照话题营销的黑洞原理，每一个借势的品牌的确可以获得一波流量（但是这波流量主要来源于自己原有的流量），而最大的受益者依然是话题营销的主体，也就是这个话题"黑洞"，所有的借势都会变成话题"黑洞"的一份助力，最终帮助话题营销的主体引爆流量。

5.2 借势营销

借势营销其实是极为常见的一种营销方式，比如《王者荣耀》游戏火了，许多餐饮店打出凭"段位"打折的广告，许多商场还举办了"王者荣耀现场赛"；《战狼2》电影热映的时候，许多商家纷纷采取送电影票的方式进行借势营销。其实说到底，借势营销是企业利用受众喜闻乐见的内容和热点吸引受众的眼球，然后借助用户自身的传播力，潜移默化地引导用户进行消费的一种营销方式。相对于广告等传播手段，借势营销能够起到以小博大、花小钱办大事的作用，往往能取得四两拨千斤的传播效果。既然是借势，我们就需要找到一些能被我们借的东西或者渠道。当然了，这么做的前提是要依附于热点，借助热点的流量去进行营销。

借势营销的核心要点是反应要迅速，在受众的关注热情未消退之前抛出独到的观点，从而使品牌获得美誉度，最终促成产品或服务销售。

借势营销主要有三个特点，即传播速度快、营销成本低和容易塑造相关联的记忆点。传播速度快：通过关联热点事件，品牌在短时间内就会获得较高的关注度，从而使相关产品的销量呈爆炸式增长。营销成本低："热点"本身自带巨大流量，而借"势"能轻而易举地获得流量红利，然后品牌要做的就是引导粉丝，从而达到营销的目的。容易塑造相关联的记忆点：如果我们做了借势营销，那么每当受众看到这个"势"，就很容易联想到我们的品牌。

好的借势营销在促进用户进行消费的同时，还能够树立品牌的良好形象，而糟糕的借势营销往往会给品牌带来不利的影响。以下我总结了比较容易操作的五种借势营销，供读者参考。

一、向权威借势

现在不少人都在谈论传统媒体的衰落以及新媒体的崛起，忽略甚至否定传统媒体的作用，这样的想法是非常片面的。实际上，与大部分新媒体相比，传统媒体自带权威性，本质上比新媒体更具有说服力，更能让人信服，同时还能覆盖新媒体触及不到的一些受众。

2016年国庆节过后，《新京报》上出现了一则奇怪的广告：整个空白的版面上只有一个小蓝点，版面底部有二维码。这是作为新媒体的一点资讯与传统媒体的一次合作，其实也是一点资讯作为新媒体，在借《新京报》这个权威媒体的势。在这一次借势中，一点资讯借助线下、线上双渠道营销，树立了不错的品牌形象，因为新媒体在传统媒体上打广告，本身就是一个很有意思的话题。

2014年，新媒体"南宁圈"就曾经做过向权威借势的营销行为。2014年3月，当时作为广西一个刚设立不久的新媒体，"南宁圈"在整个新媒体行业的议价能力非常弱，为了扩大"南宁圈"的影响力和关注度，我想了一个办法，即能不能跟当地的《南宁晚报》合作，一起做一次深度的营销活动呢？比如在报纸上做一个营销广告，这样效果一定会特别好，因为通常来说，日常的晚报形象都是比较严肃的，而在这种严肃的形象下，突然出现一则比较嬉皮、逗趣的广告，就能够迅速引起大家的关注。在这个过程中，传统媒体的严谨，就被"南宁圈"这样的新媒体拿来借势了。所以，"南宁圈"当时就在《南宁晚报》上打了一个头版广告，利用"南宁圈"谐音字"泉"及《南宁晚报》谐音字"柠"发起全城表白事件，对即将到来的新媒体及传统媒体的"联姻"进行营销推广。这是一个把广告信息隐藏起来的表白广告，内容是：

柠哥：默默暗恋你一年，最终决定以这样的方式向你表白，可以做我的大白吗？

（署名）泉

这则广告一出，大家都议论纷纷，很多人说这是"富家女孩"在报纸上向"小鲜肉"或者"高富帅"高调表白。在严肃的报纸上，突然出现这样一则浪漫且具有人情味的广告，大家自然而然就会关注了。这个话题一出，迅速引爆广大南宁用户的微信朋友圈。在推广期内，众多商家嗅到营销的良机，争相去对这则广告进行模仿，导致这则广告的曝光度非常高，传播范围也很广。

这次营销与我2016年在《深圳晚报》上所打的广告——"不懂为什么"体的逻辑是一样的，当时"不懂为什么"体的广告效果也很好，达到了刷屏的效果，这也是向传统媒体借势的一个很好的范例。权威媒体覆盖的受众范围非常广，如果我们利用得当，就能取得意想不到的效果。

二、向情绪借势

向情绪借势时，我们得先了解受众的情绪处于一种什么样的状态。当受众情绪被压抑的时候，就将其解放出来；当受众情绪被控制的时候，就将其引导出来；当受众情绪低迷的时候，就将其激发出来。总结起来，就是需要找到用户的痛点、共鸣点，让他们把压抑、隐忍的情绪表达出来，当你触及他们的痛点、引起他们的共鸣后，他们就会对你产生强烈的认同感，营销自然而然就会获得成功。

比如前面提到的《战狼2》电影火了，这并非偶然现象，而是因为它迎合了当下某种主流的社会情绪。当前，国人的爱国情绪异常高涨，这也自然而然地引爆了民族自豪感，所以当吴京喊出"犯我中华者，虽远必诛"的口号时，瞬间就引发了国人的共鸣。这部电影成了向情绪借势的经典案例。

三、向名人借势

现在各种品牌找代言人，其实都是品牌在向名人借势的一种手段。名人本身自带宣传效应，借名人之名，能够很快提升品牌的知名度与影响力，非常直接且有效。向名人借势分为合作类和非合作类两种。

合作类即与名人达成合作，向名人支付一定的报酬，互惠互利，其中以名人代言、拍广告为主。很多营销人担心找名人代言是否会太大众化，方式已经有点过时，甚至让人审美疲劳，但是其实这种方式也是可以推陈出新的。旗下拥有"秒拍""小咖秀""一直播"三款移动视频产品的公司——一下科技，从2016年开始就一直致力于邀请明星入职公司的管理层，前有贾乃亮入职成为CCO（首席创意官），后有赵丽颖入职成为副总裁，张馨予也成为公司的荣誉公益大使。2017年，一下科技又瞄准了市场上广告效应非常强的TFBOYS组合，他们与之前入职的几位明星一起共同造势，粉丝主动刷屏裂变，一下科技又完成了一次爆棚式的知名度提升。

非合作类即主动向明星借热点，这是广大新媒体人较常用的一种手段。

如果细心观察，你会发现每当一个重量级明星入驻抖音或者快手后，只要他做首播，直播间的榜首一定是兵家必争之地。很多网红为了能蹭到明星的热点，大多会通过打赏方式占据榜首从而获得关注，这是一种典型的非合作类向名人借势的操作。

健康、正向地向名人借势，我觉得无伤大雅，但是无底线、低俗的借势最终会被舆论反噬。

四、向品牌借势

向品牌借势是借助知名品牌的影响力，迅速、有效地提升自身品牌的知名度。在向品牌借势这种模式下，"品牌跨界联名"是2020年很火的一种形式。联名的商业逻辑是品牌之间相互借力，巧妙地跨界"嫁接"，可以让品牌双方"重生"，并达到1+1>2的效果。近年来做得比较成功的品牌跨界联名有故宫的各种品牌联名，联名简直让历史悠久的"故宫博物院"焕发新生了。事实上，过去故宫在很多年轻人眼里是刻板、严肃的形象，而突破这种印象最有效的途径之一就是和年轻人喜欢的品牌在一起。

五、向热点话题借势

经常会有"品牌家中坐，锅从天上来"的热门事件，比如2019年8月台湾财经专家黄世聪先生在节目上发表可笑言论，称大陆涪陵榨菜股票一路下跌，是因为大陆人吃不起榨菜，由此说明中国大陆经济低迷，还把"涪（fú）"读成了"péi"。此言论一出，迅速登上微博话题榜第一，引起热议。事件发生后，品牌方第一时间巧妙响应舆论热潮，发布回应官微（见下图），在质疑这一荒诞结论的同时，还大气地表示"买不起，送！"更有趣的是，品牌方还在微博中感谢这位台湾专家"为传播中华文化做出的贡献"，已将榨菜安排邮寄至台北，这一风趣、幽默的回复简直锦上添花。品牌的及时反应是借势的关键，在持续的热度话题中使消费者对老品牌产生新鲜感，达到品牌营销的目的。

第 5 章 超级话题营销的四大应用

六、小米的借势营销案例

2020 年 12 月 26 日上午 10 点，小米董事长雷军发布了一条微博（见下图）：

配图是一个装满充电器头的盒子，引发了网友的猜测。

在舆论发酵一个多小时后，雷军直接在微博宣布（见下图）：

131

微博评论区瞬间被网友"淹没":有人调侃小米是"响应库克号召",也有人直接吐槽"不送充电器可以,但价格请减去充电器的钱"……

话题#小米11取消随机附送充电器#直接上了微博、知乎热搜,在微博上一度达到了3亿次阅读量和2.2万次讨论(见下图):

同时在知乎上,相关话题也直接冲上热门第四,达到1150万热度(见下图):

第 5 章 超级话题营销的四大应用

4 如何看待小米 11 充电器白给，用户可以自己选择是否想要「环保」？

🔥1150 万热度　✈ 分享

此前苹果借着"环保"的名头取消了送充电器的操作已经引起大量消费者的不满，之所以对其销量影响不大，很大程度是因为目前的手机在充电时基本上使用的都是快充技术，而标配送的充电器很多苹果用户都用不上，确实会被闲置。

虽然道理大家都懂，但手机厂商也避免不了被骂，毕竟"取消充电器但价格不降反升"的操作直接颠覆了用户的消费习惯，因此小米的这次"致敬"自然也少不了被网友嘲笑。

事情到这还没完。

雷军又发了一条微博（见下图）他在微博中发问："在行业惯例和环保之间，有没有更好的解决方案？"随之宣布了小米 11 将会推出两个版本，一个套装版，一个标准版。

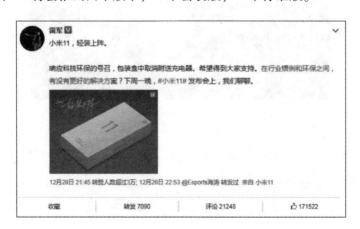

133

套装版和标准版的价格都是3999元,而套装版"多了"一个充电器(见下图)。选择套装版还是标准版,这取决于消费者自己的选择。

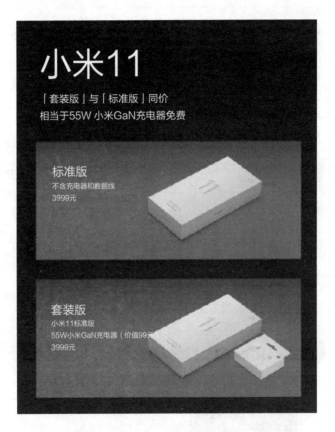

不得不说,小米的这一波借势营销做得很厉害。

首先,蹭苹果"不送充电器"的热度,利用争议话题吸引了第一波流量。

此前苹果手机不再赠送充电器已经引发过大范围讨论,大众对于"是否要取消充电器"依旧存在争论,在这种情况下,小米高调宣布将不再配送充电器,自然会引起小米消费者的质疑。有讨论就会有流量。

而且与以往的发布会只吸引小米粉丝不同,这次也吸引了很多此前没有关注小米手机发布的人群。

因为在此前的争论中,很多消费者都认为,"已经有一家手机厂商不送充电器了,那么很可能会形成连锁反应",小米的这波操作"印证"了大家的担忧,会让其他品牌手机的用户也关注该话题的进展,实现了破圈效应。

其次,降低用户期待值,让消费者觉得自己赚到了。

小米11的套餐版和标准版同价,只是有无充电器的区别,官方宣称是"将选择权交给消费者",再加上之前很多用户已经降低了期待值,认为小米11不会赠送充电器,这个新方案的推出,会让选择了套餐版的消费者有一种"赚到了"的心理。

但实际上,购买新手机附赠充电器已经是一种行业惯例,近20年来都是如此。

就好比你去买珍珠奶茶,一杯10元钱,里面有珍珠。结果突然有一天店家告诉你,珍珠和奶茶要分开点,分开点的话加起来是12元钱;过了几天店家又告诉你,现在又是10元钱一杯了,还告诉你,有珍珠没珍珠都是一个价钱。这时候,因为你已经有12元钱单点奶茶和珍珠的经历,所以就会觉得用

10元买到一杯珍珠奶茶是赚到了,却忘记当初你买珍珠奶茶的时候就是10元钱。

如果小米真的是要宣传"科技环保",那至少在两个方案的命名上,就应该是带充电器的是标准版,而不带充电器的是"环保版",这样才能对消费者在"环保概念"上进行认知改造。

但不管怎么说,这一波操作下来,让小米11获得了更大的曝光。

5.3 裂变营销

裂变营销即由一个点爆发出来,使人与人之间的连接不断拓展,让信息传递呈指数级增长的一种营销。事实上,裂变营销最为重要的一点就是用户体验,因为裂变营销从来都不是依靠"砸"钱吸引受众眼球的,而是依靠受众的自主转发和传播实现裂变。在微博、微信等交流工具出现以后,裂变营销的传播链开始立体化,我们不可能掌控每一个渠道,所以,想要做好裂变营销,就需要从受众的视角出发。

在策划裂变营销的过程中,我们主要考虑的是如何尽量让裂变模型融入一个活动(如折扣、抽奖、竞赛等)当中,通过活动本身来驱动裂变。裂变营销是一种常用的营销手段,要

想运用得好,需要有一套稳定的运行机制。关于这套运行机制,其实可以用一个公式来表示:

$$裂变 = 场景 + 工具 + 内容 + 痛点 + 技术 + 运营$$

1. 场景

裂变可以通过各种传播场景来实现,微信是目前能承载裂变最有效且最大的场景。朋友圈场景,顾名思义,就是基于微信朋友圈转发传播下的一种场景。这是微信平台上最为重要的一个传播渠道,也是我们在做话题营销时需要重视的一个渠道。在微信生态里,支持进行裂变的载体一共有五个:微信个人号、微信公众号、微信群、H5 页面、小程序。

2. 工具

裂变工具是基础,常见的裂变工具有很多,比如任务宝、红包、海报和小程序等。

3. 内容

裂变的核心是内容是否能吸引用户,每一个品牌都诠释着某种文化或理念,只有有的放矢才能吸引用户,如果没有用户愿意参与,那么更谈不上内容的传播和用户的增长了。内容包括创意点和裂变玩法。所谓玩法,其实就是裂变和营销形式的各种组合,比如分享福利,可以采用拼团+红包、分销+排名等组合，现在的基本情况是，各类 App 为了用户增长，都会在玩法方面下足功夫。

4. 痛点

很多人之所以在做营销的时候达不到预期效果，其实都是因为他们迎合的是伪需求。痛点才是裂变的核心，找到用户的痛点才能找到用户的真需求。

真需求的特点在于，哪怕是提出来后满足不了，也会有许多人来追捧。而伪需求最大的缺点在于，哪怕你已经实践出来并且完美地满足了，也不会有人为此买单。所以，要想让裂变发挥最大效果，品牌就必须找到用户的痛点。

5. 技术

裂变的各种玩法都必须基于技术开发，而且很多玩法中的创意点也需要技术来实现，不过现在的裂变工具越来越成熟，无须培训就能轻松上手，降低了裂变操作人员的技术门槛。

6. 运营

我们需要对整个方案进行统筹安排，包括方案流程、执行、维护、数据分析。通常我们会制作一张运营表，涉及每个环节、每个步骤，以及每个环节的时间节点与话术、每个步骤的执行负责人等。运营中的维护则是对用户进行引导，答疑解惑，处理投诉，制造氛围，其中要注意的是对突发情况的应对，要有及时的反馈与应变解决方案。

裂变的时间点也很重要，用户浏览朋友圈的高峰时段一般是傍晚和临睡前，最高峰是在晚上 8 点 ~ 晚上 10 点，精选的时间节点会大大提升引爆的概率。用户在刷朋友圈的时候如果看见一个群体都在发同一张海报，必定会感到好奇，了解详情后可能就会跟着一起转发，最终形成"刷屏"。

在微信生态中，我们常用的"裂变获客"玩法主要有七种：砍价玩法、红包玩法、海报玩法、群裂变、任务宝、集福卡和测试。

一、砍价玩法

砍价玩法在微信营销中是一种常用手段，其作用主要有三个：增加曝光度、增加粉丝数和卖货。

砍价玩法从前几年开始流行，到现在很多商家都已经尝试过了，虽然有的商家依靠砍价活动玩得风生水起，但多数商家做砍价活动时由于缺乏裂变思维，导致没有任何效果。微信砍价的步骤是：通过第三方平台设置砍价活动的参数，如砍价商品、砍价时间、商品数量及砍价金额、砍价成功率等，设置好之后以二维码或者链接的形式嵌入微信公众号中，或者做成海报转发到朋友圈，用户识别二维码或者点击链接之后进入砍价页面进行砍价,砍价完成后分享链接给朋友以邀请更多人一起帮忙砍价。

看似简单的砍价活动需要注意几点:第一是选品,第二是投放渠道,第三是风控。

1. 选品

砍价活动的选品跟电商的选品是完全不一样的,电商选品注重的是有特色、新颖,而砍价活动的选品一定要大众化。砍价活动追求的是曝光量,增加曝光量就要依靠不断的转发,如果我们选择的商品是小众商品,只能满足特定群体的需求,就会限制活动的转发量及曝光量。

策划砍价活动时,在选品上最重要的是选择消费者好做决策的商品,把消费者的顾虑降到最低。比如选择"88元7天泰国游",看起来对消费者诱惑很大,但是会增加消费者的顾虑:活动的真实性、是否有额外消费、是否有黑导游、人身安全是否有保障等。如果有两周的宣传周期,消费者会浪费一周甚至一周半的时间考虑,最后很可能活动从启动到结束只停留在一级裂变。

价格合理化也是降低消费者决策门槛的一个因素,比如小米的行李箱是299元,突然售价降到150元,这个价格对消费者来说是极有吸引力的,他们会想:那么便宜,就试试呗。

总而言之,策划砍价活动时,在选品上要大众化、好决策、价格低。

2. 投放渠道

想要让一个砍价活动达到最佳的裂变效果，就要增加活动的曝光量。简而言之，要做好投放渠道的规划。砍价活动的常规步骤是：预热—活动开启—收尾，预热期间，推广渠道主要是朋友圈、微信公众号，因为砍价活动第一级裂变主要是基于信任关系产生的，所以需要提前将活动在朋友、亲戚、同学能触达的朋友圈进行预热，在转发预热海报时，要多使用信任型话术，让他们相信这个活动是真实有效的，比如："我们公司的活动，保证真实有效，我参加过了，获得了×××，你也来试试……"还有一个关键的投放渠道是社群，在正式推广前，一定要多建立几个社群，然后安排好社群的管理员。

除了线上的投放渠道，如果有门店，还可以利用门店进行推广。如果客户非常有针对性，比如大学生、护士、影迷等，可以在特定的场所进行精准投放，比如大学校园、医院、电影院等。

3. 风控

规避风险是很多商家在做活动时容易疏漏的环节，一个活动要完满落幕，风控是必不可少的。做砍价活动时，我们一定要规避敏感词，比如"分享朋友圈""关注微信公众号"等。

在设置砍价金额时，切忌金额过小，比如一款 200 元的产品，如果设置 0.01~0.1 元的砍价金额，对用户的吸引力会大大降低，也容易让用户质疑活动的真实性。

二、红包玩法

红包玩法与百度竞价相类似，但比百度竞价灵活有趣，价格也相对低廉。市场上百度竞价的单个点击成本大约是 2~5 元，红包玩法的单个红包成本大约在 1~2 元。目前红包玩法多应用于微信公众号、微信个人号及淘宝、京东店铺中。

企业发红包一般是为了增加粉丝和激活沉睡用户，所以我把红包分成增粉型红包和激活型红包两种。

1. 增粉型红包

增粉型红包的目的就是增加粉丝。这种类型红包的载体是微信公众号、微信个人号、线下实体店/实物等，在微信公众号发红包的步骤是：关注微信公众号→自动回复红包/自动回复添加客服个人号领红包→领取红包。

这种类型的红包有两种玩法，第一种是借助第三方平台，通过第三方平台的后台设置领红包的参数（人数、金额等），再将第三方平台生成的链接放到微信公众号的"关注回复"中。第二种是通过微信个人号发红包，用户关注微信公众号后，微信公众号的"关注回复"提示添加微信个人号领取红包，例如："您来啦，添加客服青青的微信号，领取关注红包"。通过微信个人号发红包，虽然操作比较烦琐，但是可以将用户沉淀到微信个人号中，价值更大。

线下涨粉在天猫、淘宝商家中比较常用。用户在天猫、淘宝购买商品后，店家会将优惠券、红包券和商品一同寄送给用户，优惠券、红包券上面印有店铺的二维码或者掌柜的微信个人号二维码。用户在收到优惠券、红包券后，只需扫描二维码添加掌柜的微信个人号即可领取红包。目前这种形式多用于淘宝店铺的"好评返现"。

2．激活型红包

激活沉睡用户的目的是唤醒那些已经关注自己却缺乏互动的粉丝。这类红包常见的玩法有"回复关键词送红包""签到红包""中奖红包""口令红包"等。

（1）回复关键词送红包。

回复关键词送红包玩法常用于微信公众号中，具体玩法是定期开展抢红包活动，比如每周一、周三、周五的 20:00 开抢 50 个金额为 50 元的红包。步骤是：用户在周一、周三、周五的 20:00 准时在微信公众号上回复关键词"红包/抢红包"，微信公众号自动弹出红包，然后用户领取红包。百度服务号就曾将这类红包玩法用得风生水起（见下图），在每周二、周四、周六的21:00,用户只要在百度服务号上回复关键词"红包",即可领取相应的百度红包。

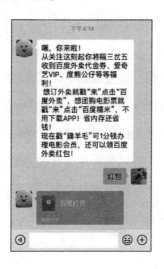

(2)签到红包。

签到红包是微信公众号常用来增加打开率的一种方式,具体玩法是:用户通过微信公众号签到,达到签到次数后系统自动通过微信公众号发送红包。通过微信公众号后台发送红包需要借助第三方平台,在第三方平台设置好签到次数及红包金额。

除了借助第三方平台发红包,还可以利用客服的微信个人号发红包,用户仍旧每天通过微信公众号进行签到,签到达到对应的次数后,将手机截图发给客服,客服审核无误后直接给用户发红包。签到红包保证了用户每天打开微信公众号的频率,有效激活了沉睡粉丝。

(3) 中奖红包。

中奖红包的玩法多种多样,与抽奖类似,操作方式是:创建一个微信群,把参与推广宣传的用户拉进群,将游戏规则、广告海报、话术、拼手气红包中奖尾数发送到群里,用户领取拼手气红包并转发海报和话术,客服审核用户朋友圈广告及拼手气红包尾数,拼手气红包尾数与设定一致者可领取大红包。除了比拼手气红包尾数,还有抛骰子、猜数字等玩法。

(4) 口令红包。

口令红包也是活跃用户的一种方式。将口令/关键字植入微信公众号的推文中,用户在文中经过推理或主动寻找,获得口令/关键字,之后在微信公众号对话框中输入相应的口令/关键字即可领取红包。

三、海报玩法

海报裂变是朋友圈刷屏的常用玩法。很多平台通过海报裂变进行微信公众号、个人号增粉及知识付费课程的销售,成功的案例有很多:"有书"微信公众号用10个月增粉800万,"笔稿"微信公众号用3个月增粉65万等。

海报裂变的玩法很简单:通过课程或资料包等诱饵吸引精准用户扫描海报上的二维码进群,再借助用户的微信关系链在行业内引爆，形成刷屏效果。下面以"有书"微信公众号做的"有书共读计划"为例进行说明。

①设置诱饵海报，诱饵海报（共读行动计划海报）上的二维码为"有书"微信公众号的二维码。

②转发海报到储备社群。

③用户A扫描海报上的二维码关注"有书"微信公众号。

④用户A关注微信公众号后，通过公众号设置的自动回复信息获取入群的二维码。

⑤用户A扫描活码进群（该群是活动群，不是储备社群）。

⑥群内客服/社群机器人@用户A，说明活动规则，并提示用户转发海报/话术以获取听课资格。

⑦用户A转发海报至朋友圈后，将转发的截图发至群内。

⑧客服/社群机器人审核用户A的截图，无误后发送听课资格。

⑨用户B、C、D、E以此类推。

⑩活动群满100人后，建新群并更改入群二维码。

海报裂变的操作流程不算复杂，但在活动开始前，必须做好四方面的准备：课程或资料包、诱饵海报、话术和群托，前面准备得越充分，后面裂变的效果就越好。

1. 课程或资料包

活动开始前，我们需要明确自己希望获取什么类型的粉丝，比如宝妈、上班族、健身爱好者、摄影爱好者或者运营人员。希望获取什么类型的粉丝，就需要提供与之相匹配的课程或资料包。比如针对上班族，可提供久坐训练、PPT提升、文案写作等内容；针对宝妈，可提供幼儿故事、护理常识、教育常识等内容。用户需要什么，就提供什么。

2. 诱饵海报

海报的内容是决定裂变能否成功的关键，所以海报千万不能做得太粗糙。合格的诱饵海报一般包含三个要素：可识别的二维码、一目了然的活动主题、有吸引力的诱饵话术。很多设计师在设计海报时没有注意二维码的精度问题，导致海报发出后，用户无法识别二维码，使裂变失败。

除了注意二维码的可识别性外，诱饵海报的核心在于文案的设计，只有把握好用户的心理，文案才能引爆网络形成刷屏。诱饵海报的文案也有设计技巧。

文案的设计要让用户感觉自己占了便宜，比如"PPT7天训练营"的文案：送价值3000元的PPT课程；"21天新媒体运营特训营"的文案：原价299元的课程限时99元……这些文案虽然简单，但容易让用户觉得自己占了便宜。同类的文案还有:"价值 1 000 元课程免费送""扫码立即领取 8.6GB 的文案资料""扫码进群,与百万人共跑,消除惰性"等。

除了让用户感觉占了便宜外,还要让用户有紧迫感,比如"限时折扣""限额 30 名""倒计时 1 天""已有 53456 人报名",让用户感到:晚一步就没机会了,要先下手为强。

人是有惰性的,都本能地希望付出少、收获多,因此让用户感觉到简单、容易达到也是一种策略。"365 天减肥 50 斤""一个月素描进阶学习"这类文案,因为容易给用户传达困难、不易完成等心理暗示,效果并不会太好。而类似"7 天从小白变身 PPT 达人""21 天进阶高级运营""12 天瘦身计划""30 天减肥 10 斤"等文案,转化效果则非常好。

总结一下文案设计的三个关键词:占便宜、紧迫感、简单。

3. 话术

在海报裂变过程中,话术也是至关重要的。海报裂变的话术分成两大类:转发朋友圈的话术和社群引导话术。

(1)转发朋友圈的话术。

炫耀话术,比如"我报名参加了××训练营,立志通过××天的学习实现×××的目标"。这类话术看准了用户炫耀自我的心理需要,通过向朋友炫耀"我在用功学习"来完成主动发朋友圈的行为。紧迫话术,比如"我受邀参加××训练营,成为该训练营第××名学习者,我将和××名同学一起抵抗懒惰,一同夜跑(限报名××人)"。这类话术通过明确的数字来增加紧迫感。信任话术,比如"该训练营是朋友推荐的特训营,非常实用",利用熟人关系完成好友间的信任裂变。下图是拆书帮"21天主题拆书营·时间管理"的转发朋友圈话术。

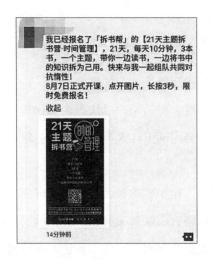

(2)社群引导话术。

除了转发朋友圈的话术外,社群引导话术也有技巧。在粉丝进入社群后,群主要@进群的粉丝,推送欢迎语及要求进群者完成的分享行为,只有转发朋友圈并截图到群里的人,才可以获得课程或资料包等。下图是"笔稿共读"的社群引导话术。

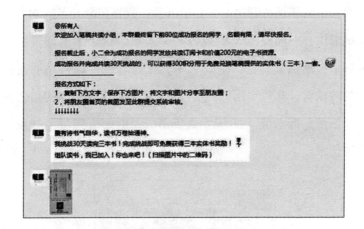

社群引导话术有以下几个关键点。

①强调紧迫性,提示用户尽快报名,比如该群仅有前××名可报名成功、群内满100人要开始踢人、报名名额仅剩××人等。

②利益诱导,比如成功报名的同学即可获得××奖品、成功报名的同学私聊我获取××奖品、前10名可获得××大奖。

③参与方式要清晰明了。话术要让人容易理解,不会产生歧义。

除此以外,群主要记得自己的身份,遇到不分享的成员要及时将其移出群,态度强硬、做事果断。

4. 群托

在裂变过程中,我们要准备5~10个群托,潜伏在群内。群托的作用主要是引导不积极的用户跟风转发,在群主投放诱饵海报之后，群托要按群主设置的规则进行操作，发朋友圈并截图发送到群内，引导用户跟风转发。只要群内的转发人数达到一半，整个裂变的成功率就很高了。

四、群裂变

群裂变是在微信生态中进行裂变的常用玩法，比如邀请××个好友助力获得奖品。想要诱发用户进行传播，首先要引发用户共鸣，让用户发自内心地分享给朋友。群裂变是目前微信生态里做裂变的最佳渠道和方法之一。

五、任务宝

任务宝主要在微信服务号上进行，任务宝优于群裂变的一点在于能收到及时反馈。老用户邀请他的朋友来注册你的产品，然后老用户和他的朋友双方均获得奖励。任务宝相较于群裂变还有个优点，以往用户分享海报到朋友圈的行为无法追踪，但使用任务宝则可以追踪所有行为与数据。例如，A用户分享了海报，从后台能看到有多少用户通过扫描A用户的海报进群，又有多少用户进一步将海报分享了出去。

六、集福卡

集福卡将品牌元素植入裂变玩法中，在大量的传播中实现品牌的深度曝光。与单次的广告曝光相比,将流量投入裂变互动能够扩散给更多用户,在用户的多次交互过程中实现多次曝光。

七、测试

测试类裂变的好处就是用户会主动在朋友圈进行分享,因为测试模型的逻辑实际上就是夸用户,得到的测试结果一般都是赞美之词,用户一定想让别人知道。这正利用了用户想炫耀的心理。

5.4 战略话题营销

一、战略话题营销的定义

我所说的战略话题营销,是基于社交网络和媒体,服务于头部品牌核心战略的独特营销体系,我们通过设计自传播性极强的超级话题,在社交网络进行引爆,进行分布式、全渠道的饱和式攻击,对受众注意力实现超叠加影响,最终达到在极短时间内让品牌进入受众心智的目的。

战略话题营销是我的一系列话题营销技巧的统称,包括 TPS 转化环、4F 超级话题营销法的统筹运用。

二、战略话题营销案例

2017年5月23日晚上,80后创业者、"最生活毛巾"创始人朱志军在微信公众号"最生活毛巾"发表了一篇《致丁磊：能给创业者一条活路吗?》的文章,控诉网易严选销售的毛巾对自己的品牌构成侵权。

在文章中,"毛巾哥"表示网易严选上架的一款毛巾与自己的创业品牌"最生活毛巾"的风格与描述都十分相似。随后,"毛巾哥"晒出了一系列自家研发产品的图片和证据,并表示"最生活毛巾"是G20（二十国集团）峰会唯一指定毛巾品牌,网易严选在宣传时将这款毛巾以"G20专供同款"的描述进行宣传,有打擦边球误导消费者的嫌疑。"毛巾哥"的文章发出后,迅速引发热议,阅读数在很短时间内便超过"10万+"。

次日,网易严选通过官方微信公众号发布了一篇长文,言辞激烈地在文中称"毛巾哥"为说谎者,并列举了一系列证据,否认仿冒事实。网易严选称"最生活毛巾"没有什么技术含量,跟网易严选一样是由孚日集团贴牌生产的,所有核心技术、专利等权益都应当归属孚日集团。针对宣传语,网易严选表示,由孚日集团生产的毛巾在2016年成为G20峰会专供毛巾,因此网易严选相关页面上关于"G20专供同款"的表述符合事实,并未对其他品牌构成侵权。

同一天,"毛巾哥"又发布了《致网易严选:你说我是"说谎者",我只说些事实》一文,提供了供应商孚日集团建议网易严选调整宣传文案,去掉"阿瓦提"和"G20同款"这些字眼的信息沟通函,以及G20峰会领导小组的授权书。网易严选与"最生活毛巾"的相关推文如下图所示。

一系列交锋之后,网易严选开始了毛巾买12条送8条、买24条送18条的超级大促销,并且把毛巾的价格从原来的29元一条降到12元一条,还在网易云音乐上发布了相关回怼神曲。双方的骂战让当时的朋友圈热闹非凡。

在这次事件引爆前,"毛巾哥"曾找到我,告诉我网易严选涉嫌侵权的事,他认为我的微信粉丝多,想让我发文声援。但是其实这么做,很容易让人觉得是在写"黑稿",且不说法律风险,当别人看到稿子时,第一印象也许不是气愤和同情,而是质疑和反驳。所以我说服"毛巾哥",让他用只有几千粉丝的小号去发文进行申辩。很多人觉得用小号去发布这种文章能引起轩然大波的概率是极小的，偶然出现一例，也只是运气使然。事实上，只要掌握了朋友圈的传播逻辑，要做到以星星之火来燎原也不是不可能。

所以我们在做营销时，哪怕自己占理，也不要盲目乱冲，不然很容易让自己成为理亏的一方。在这次事件中，首先我用到的是冲突法则。"毛巾哥"一开始准备发的文章，是情绪比较激动、像申冤一样的文本，内容重心都放在怒怼网易上。这样的做法其实并不明智，如果我们以泼妇骂街的形式去维权，虽然我们自己泄了愤，但是从用户的角度来看，会给人得理不饶人的观感，并不会引发大众的同情。因为在社交媒体时代，网民都会本能地去同情弱势一方，如果我们攻击性强，那我们身上弱势的感觉就会被削弱，用户就会从维护弱者的身份变成旁观的"吃瓜群众"，不会主动参与站队，那第一级裂变也就无法完成了。只有把弱势发挥到极致，把"毛巾哥"被欺负的情形还原出来，才有可能最大限度获得舆论的支持。所以我根据这个逻辑找到了冲突点，提议对文章内容进行修改。

在标题中，我们在修改中融入了两个冲突点。第一个是"丁磊"和"创业者"，这里的冲突在于丁磊是一个互联网大咖，而创业者是创业起步者。第二个是"网易"和"创业公司"，对于网易来说，少侵权一次，只不过是少赚一点钱，而对于创业公司来说，被大企业侵权一次，也许面临的就是灭顶之灾，"少赚点钱"和"死路一条"的冲突点就自然显现了出来。

再说网易严选方面的公关文，他们以直接人身攻击的方式回击，坐实了以强欺弱的形象，"最生活毛巾"的"委屈"，让用户联想到在生活中艰难挣扎的自己；网易严选对"最生活毛巾"的"侵犯"，让用户联想到自己在生活、工作中的成果被更有权势的人侵占的情形。所以网易严选强势的反击，看似直指"毛巾哥"的错误和破绽，但其实在博取大众同情的角度已然失分。其实网民在这种论战中担当的并不是侦探的角色，而是旁观者，他们不会主动去查明真相，而是更喜欢等待事实。在这种情形下，真正的事实其实很难分辨。当我们不能说服对方停止侵权的时候，我们就只能博取用户的同情心，站在论战的道德高点进行反制。

在整个事件中，网络意见领袖的发声起到非常大的助推作用。文章定稿后，我们考虑到文章的传播路径，如果只是"毛巾哥"首发，所能达到的效果是有限的。所以在传播之前，我们提前联系了公关圈的KOL，把这件事情的前因后果告诉了他们，而这些KOL也认同我们的申诉，承诺声援。在一些较大的KOL的朋友圈中，肯定会有中等量级的KOL，在中等量级KOL的朋友圈中一定也会有更小量级的KOL，他们每个人都或多或少有一些自己的粉丝，所以我们只要掌握节奏，让信息从大KOL逐渐向下传导，便可打通这些相对独立的 KOL 粉丝圈，进而层层裂变。

　　这场公关战最后以"最生活毛巾"的沉默收场，因为随着事态的发展，网易严选调动的公关资源越来越多，无论是从财力还是发声渠道方面，"最生活毛巾"和它都有着巨大的差距。我们也可以看到，网易严选全站都在主推自己品牌的毛巾，如果再继续鏖战，于"最生活毛巾"不利，所以及时抽身是最好的选择。一个巴掌拍不响，没有了后续，舆论热度很快就淡了下来，在这种节奏下，"最生活毛巾"除了收获十几万粉丝外，产品销量也翻了几十倍，既成功维权，又为自己做了一次品牌宣传。

超级话题营销

第 6 章

超级话题营销的冷启动和热启动

6.1 超级话题营销的三种驱动逻辑

其实认真看一些话题营销，分析其中的传播逻辑，我们就会发现，大众都是在获得利益点后才会主动传播。最常用的利益点有三个，即有用、盈利和情感。

一、有用逻辑

在和用户做"利益"交换时，首先需要让用户产生一种有用或者能学到东西的感觉。当用户得到了一定的帮助之后，就会自发地帮商家传播。例如，我们看到网上有很多短视频，拍得可能并不精彩，也没什么精彩的剧本，但是其播放量普遍都能达到几十万到上千万不等。比如某个家庭主妇快速叠衣服的短视频，虽然全程只有几十秒，画质也不是特别清晰，但是由于视频的实用性强，用户在自己看过之后就觉得很有用，于是他们就把这个视频收藏起来备用，甚至自发地把这个视频转发给自己的亲戚、朋友。因此这个视频在没有什么特殊的传播设计的情况下，就获得了很大的播放量，因为它足够有用，如果这个时候在视频里面软植入一些品牌或者产品信息，效果是不是会很好呢？

其实依据有用逻辑进行商业化传播是现在很常见的一个现象。在短视频领域，有一个主题非常火，那就是美妆。美妆博主有成千上万，还是依旧有很多人想要挤进来，为什么？因为现在化妆的人太多了，女孩子出门逛街要化妆，男孩子参加宴会有时候也需要一个提升气色的商务妆。但是对于化妆不会有人一开始就是无师自通的，先别说手法，光是辨认和了解那些形形色色的化妆品的正确用法就已经很难了。那么在有化妆需求的时候，大家都会怎么办呢？应该很少会有人主动去报班学化妆，在这个网络发达的时代，很多人会在网上搜索美妆视频，一步一步地学习，而各种美妆博主们也会根据这些人群的需求推出相应的视频，比如毕业化什么妆、春天化什么妆、面试化什么妆。当毕业生看到"毕业妆"这类主题的视频时，他们往往就会把这些主题收藏起来，以备不时之需，同时还会分享给同样需要这些内容的同学、朋友，那这个传播链就在"有用"的基础上形成了。很多化妆品商家会和美妆博主合作，让美妆博主在视频当中使用他们的产品。美妆博主在使用过程中既曝光了产品的品牌又展示了产品的特性，这样就可以收到非常好的宣传效果。

二、盈利逻辑

盈利，更直白地说就是给"钱"，这里所说的"钱"，是广义的"钱",泛指一切可感知的、与利益相关的事物,可以是福利,可以是代金券,也可以是赠品。大多数商家其实都很懂这样的逻辑,当然前提是,我们提供的东西是和用户匹配的。用户想要的是一个梨,你却给人家送去一车苹果,那这样的"钱"给再多也没用。所以在给"钱"的时候,匹配性很重要。

某财经杂志旗下的微信公众号粉丝不多,内容主要是设计、人工智能等高科技报道。运营者为了吸引用户,利用盈利逻辑举办了一次抽奖活动,规则为:推荐人向亲朋好友推荐本账号,订阅后,把推荐人的ID发给官方账号,活动结束后,推荐用户数量最多的ID获奖,奖品为价值400元的小米音箱等。但是这次活动的效果非常不好,基本上没有什么转化。同样是给用户送东西,为什么黎贝卡送一个100多元的购物袋,就能带来很大的转化,而这个科技微信公众号送400元的音箱却没人响应呢?其实是因为这个账号赠送东西的时候,没有考虑用户的爱好和需求。从该账号发布的内容就可以看出,他们最常介绍的是高端产品,而小米作为一个主打性价比的品牌,优点是价格亲民和实用。让用户付出自己的个人时间和人脉去推荐账号,将小米音箱作为奖品并不是一个好的选择。

同样,美妆账号适合送200元的口红,而不适合送800元的游戏键盘,即使要使用盈利逻辑,我们也要把对的福利给到对的人。

三、情感逻辑

另外一个利益点就是情感,这点是很多人会忽视或者不了解的。

简单说,要利用好情感逻辑,就要看商家能否做到让用户在看内容的时候,产生情感上的波动,我们把这种波动分为"愉悦""感动""认同""炫耀"四类。

1. 愉悦

愉悦是一种让人感到身心放松的情感,也是人类一直以来在追求的一种情感。我们在日常生活中,为了消除无聊、排解生活压力,会更加喜欢看一些让自己感到愉悦的东西,从而达到放松的目的。所以喜剧、段子、搞笑漫画、爆笑视频等让人感到愉悦的内容,就特别容易引起别人的转发。

很多病毒式的传播就是依靠这种情绪引起的,比如刷屏的"我们是谁"组图,这组图最初在广告圈广为流传,是对甲方稳、准、狠的调侃,让"忍气吞声"闷头工作的乙方有会心一笑的感觉,在爆红网络以后,星座版、《王者荣耀》版、地域版、高校版、球迷版等不同版本纷纷出现。事实上,这组图承载的内容很少,表达的东西也是比较浅薄的,但是为什么能够达到全网刷屏的效果呢?因为看了让人觉得有趣、新颖,感到愉悦，所以顺手就把它分享出去了。

2. 感动

感动是一种可以触动我们的感情，引发我们的同情，或者引起我们的支持和羡慕的一种情感。同情，即表达出一方的劣势，引起用户的恻隐之心。而支持和羡慕也很好理解，比如一些粉丝在维护自己偶像时经常会说一句话："你们知道他有多努力吗？"这就是一种因为感动而引起的支持，而如果我们不去支持，是因为我们没有被这种感动情感所支配。

以记录我国幸存慰安妇现状为主题的纪录片《二十二》在上映时，排片率仅有1%，目标票房只有600万元，观影人数寥寥。而某电影类微信公众号发布的一篇名为《她们在等待道歉，日本政府在等待她们死去》的推文，精炼地概括了这个群体长久以来的状况，引发了很多人的感动情绪。在短短两天之内，这篇文章的阅读量就达到"10万+"，点赞量则超过7万。甚至由推文引发的热潮使得这部纪录片的排片率快速上升，最终斩获1.7亿元的票房。在猫眼电影上可以看到观众留下的热评，其中包括"哭满全场""历史不容忘记""主题沉重深刻""缅怀""勿忘"等感性内容，这就是感动情绪的传播效应。

3. 认同

人是社会化的动物，需要在社会当中生存，但是每个人又是独立的个体，有自己独特的见解，所以人们喜欢在社会当中寻求自己的归属感，认同成为一个很重要的心理特征。在日常生活中，我们在别人赞同自己时会感到高兴，在别人否定自己时会感到伤心，这就是我们的认同情绪。要做到把认同情绪运用得当，首先我们要了解用户的想法，把用户想说但是没有说出口，或者说不出口的话说出来，这样当他们一看到这些文案或者标题时，马上就会想到，这正是我要说的，我也是这样认为的，就会很快把商家的内容转发出去。

4. 炫耀

如果我问你："你喜欢爱炫耀的人吗？"大部分人会不假思索地回答："不喜欢。"然而大多数人在生活中不可避免地会有想要炫耀的时候，因为炫耀是一种需要被关注、被肯定的表现，也是一种在某方面不自信的表现，没有人对自己是全然自信的，所以炫耀这种需求每一个人都有。我们大多数人反感的炫耀其实是炫富，但是炫富只是炫耀的一种形式，炫耀的形式可以是多种多样的，可以炫外表、炫学历、炫恩爱、炫孩子，等等。

很多事件营销其实就是利用了炫耀心理，你喜欢炫耀，我就给你提供炫耀的渠道，然后你通过我的渠道去炫耀，也就为我进行了宣传。iPhone 8 和 iPhone X 刚刚出来的时候，全网都在蹭发布会的热点，苏宁易购就利用炫耀心理做了一次话题营销。在 iPhone 8 发布会以后，苏宁易购发出了预购 H5 页面，用户只需要在 H5 页面中填入收货人姓名和收货人地址，就可以生成苏宁易购的预购截图，然后在朋友圈进行分享。这种方式一方面满足了用户的炫耀心理，一方面又在其中加入了苏宁易购的元素，很好地完成了营销裂变。

6.2 冷启动法

冷启动法，就是对话题引爆不做预热，直接在短时间内快速启动的操作方法。一般来说，这类操作需要有较大初始流量的配合，并且话题在传播过程中可实现快速的自裂变。在冷启动后，设计能诱发人群愿意主动参与传播的工具或者机制尤为重要。

在我们的认知里，主旋律话题最容易被认可，但有时候会因为话题热度不足而不太容易被主动传播。但只要用对方法，主旋律话题同样可以实现刷屏。《人民日报》的"秀出你的爱国 style"就是一个非常成功的冷启动案例。

先来看看这个案例的创意定位：一个换装 H5 页面，可以让用户在线上制作出自己穿着 56 个民族服饰的头像，号召用户秀出属于自己的爱国风格，一起向祖国表白。

裂变机制：用户可在 H5 页面上传自己的正面照，然后自行挑选想要的民族服饰，也可以随机生成头像；生成的图片可以分享到朋友圈，让更多的人参与进来。

先看看看这次活动的数据：活动上线后很快就获得了大量转发，在微信朋友圈一夜刷屏，在微博上#我穿民族服装的样子#话题讨论量达 2.8 万，阅读量高达 1.7 亿，在百度上相关话题的搜索也实现刷屏。覆盖人群突破了性别、年龄、地域、行业等圈层，实现了真正意义的全域破圈传播。

一、 为什么能刷屏

刷屏不是偶然的，以下三个要素是关键。

1. 信任背书

众所周知，《人民日报》是官方权威媒体，自带背书效应。每个参与人在上传照片时，都不会担心个人信息泄露问题，信任点燃了大众参与的热情。

2. 时间节点

活动上线时正值国庆节，大众的爱国热情高涨，在恰当的时机制造匹配的话题，就如硫黄遇火，一触即燃。

3. 社交炫耀

爱国之心人皆有之，爱美之心亦然，换装 H5 页面成功的根本原因，在于巧妙地运用了工具和裂变机制将这两种心理都激发了出来。社交网络的核心是人，人在社交网络中的个人形象，都是通过信息交换、沟通来完成重塑的，通俗地讲，就是每个人都在试图通过自己在网络上的行为向他人展示一个更加"完美"的自己。很多女生喜欢发布经过美颜的照片、精致的生活场景，这些都是一种"有意识"的主动"炫耀"：展示自己的美、展示自己优越的生活。而在本案例中，每个人上传的照片，都可以通过AI（人工智能）技术生成穿戴着华丽民族服装的"美女""帅哥"，其逻辑和日常朋友圈的晒图无异，只不过包裹着"民族服饰"这层外衣，同时生成的照片可以发布在朋友圈中，成为每个人彰显爱国心的一种表达形式。

二、有没有不一样的声音

虽然此次活动在短时间内实现了刷屏，但在传播过程中我们也发现了一些用户的声音。

1）一方面，有用户表示操作流程简单明了，没有多余的步骤，体验感好；另一方面也有用户提出，在选择民族的界面上，需要逐个滑动来选择，有时候会出现翻了半天依旧找不到想要的民族服装的情况，从这一点上来说，界面操作还是略欠友好。

2）在画面的呈现上我们可以发现，为了保证服装样式的准确、权威，整个策划团队还是费了不少心思的，毕竟 56 个民族的服装肯定要经过仔细的挑选比较，最后审定通过，这期间必然耗费了不少精力，最终的效果也的确让人眼前一亮。值得注意的是，在实际操作过程中，由于有的用户上传的照片不是"正面照"，导致最后生成的照片会略显生硬。因此，如何既能保持美感又能最大限度地保留用户的原貌，是一个在画面呈现方面需要提高的地方。

3）在技术的处理上，瞬间暴涨的用户访问量对设计、开发和服务器的维护都是一个不小的考验，最终都顺利地运载了下来。但是在界面的操作上，仍有不少用户反馈存在一些延时的现象，不知道是因为技术兼容的问题还是其他原因，这或许也是一个需要注意的点。

三、 普通品牌能否打造刷屏爆款

如果没有平台背书、项目经验丰富这些先天优势，普通品牌能否打造刷屏爆款呢？

从《人民日报》的刷屏活动，我们不难得出一个结论：刷屏的套路其实是可以复制的。

1）找认同感——从共同的经历中挖掘情感共鸣。只有用户认同了，才愿意帮你传播。

2）找表达欲——帮助用户提供和别人分享的谈资。比如一张有特色的自拍照、一张专属海报等。

3）找存在感——有利于用户在社交媒体展示独特魅力。不管你的活动是强调从众心理还是强调个人魅力，总体来说都是要帮用户找存在感。

4）找价值点——能为用户提供价值。如果转发你的活动，能让用户彰显自身的价值或者是能让用户的社会地位有所提升，那么用户会更加愿意参与进来。

总结来说，好的营销传播往往是创意、内容、技术缺一不可的结合体，但也千万不要忘了，传播需要借助的媒介是人，受众的需求才是所有营销活动的出发点。

四、 强化严肃媒体的精神

随着互联网的发展，我们会接触到大量的信息，而真正有价值、有营养的传播内容越来越容易被淹没在信息的海洋里。近些年来，《人民日报》策划的大量刷屏传播事件也给了我们重要的启示：在自媒体时代，不管我们是做传播也好，还是做营销也好，仍然需要强化严肃媒体的精神。

1. 对于输出者

要避免为了获得所谓的流量，去特意制造一些毫无营养的噱头来吸人眼球，我们要对自己输出的内容保持一颗赤诚之心，不断精进，不断打磨，因为真正沉淀下来的内容才能体现我们的输出价值。

2.对于接受者

我们要学会多去挖掘、关注一些有营养、有价值的内容，尊重输出者的劳动，能够对优质内容进行客观叙述和理性分析。

6.3 热启动法

热启动法是相对于冷启动法而言的，是指话题引爆的步骤是逐步铺开的，有关键信息预埋，有舆论环境造势和预热，也有引爆后的承接。相较于冷启动法而言，热启动法的周期更长，对营销的铺陈和节奏要求比较高。很多品牌也会在期间配合大量的线上和线下投放，确保营销活动的成功。

2020年10月，罗永浩就和二手平台"转转"完成了一次绝妙的话题营销热启动。这次营销的噱头是"罗永浩开旧机发布会"（见右图）。

一时间,"罗永浩重回手机圈"的信息便在朋友圈刷屏,乍一看,还以为是锤子手机有什么新消息。巧合的是,这次"旧机发布会"和苹果的新机发布会在同一天。不仅如此,甚至连发布会的主题都类似,苹果新机发布会的主题是"真快,又要见了",而罗永浩的"旧机发布会"的主题是"I AM BACK",竟然有一丝丝"叫板"的意思,直接拉高围观群众的期待值。2020年10月14日那天,罗永浩的"旧机发布会"如期举办。等到罗永浩一上台,围观群众才发现,这实际上是为二手手机平台"转转"打的广告。

实际上,在10月11日,就已经有网友在微博上晒出"旧机发布会"的户外广告,还@罗永浩求证,并得到罗永浩的肯定回复(见下图):

这条微博发布后一石激起千层浪,瞬间引发大量网友的猜测和讨论。

第 6 章 超级话题营销的冷启动和热启动

有人期待,猜测旧机是不是锤子手机(见下图):

也有人不屑,表示"坑人"(见下图):

也有人猜测是蹭热度,是合作(见下图):

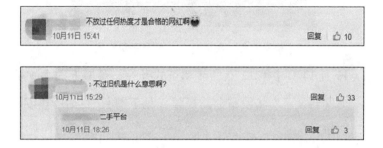

但无论如何,话题营销的核心就是要引发大众的讨论,有讨论就有热度。在 2020 年 10 月初,不仅罗永浩间歇性地在微博围绕这个悬念和"铁粉"互动,还有不少微博大 V 纷纷转载、发布和#罗永浩旧机发布会#相关的微博。在发布会举办当天,罗永浩更是用上了"罗氏营销"标志性的倒计时海报(见下图),这种形式,从锤子手机第一场发布会就开始使用了,进一步拉高用户的期待,引发了激烈的讨论。

"旧机发布会"海报　　锤子手机海报

10月14日中午12点，活动正式开始，微博上的大V在同一时间转发了本场发布会的视频（见下图），将话题热度推向了高潮。

最终与之相关的话题在微博上达到2.7亿次的阅读量和9.4万次讨论（见下图）：

罗永浩的这次营销活动采取的就是典型的热启动法。

第一，"新"与"旧"的冲突，形式新颖，吸引关注。

罗永浩的"旧机发布会"选择在苹果新机发布会同一天举办，就自带一个"旧"与"新"的冲突，毕竟现在的手机发布会不胜枚举，但往往都是为了宣布新品。

偏偏罗永浩就要挑战人们的常识，反其道而行之，办一个"旧机发布会"，为旧手机带货。

这种冲突与矛盾自然吸引了一波围观群众，引来第一波流量。

第二，借势造势，制造话题，让事件发酵。

借势，自然就是借"苹果发布会"的势头，顺势推出本场"旧机发布会"；造势，则是应用了罗永浩本身的热度及他的标签"锤子手机"。

罗永浩最显著的标签之一就是"锤子手机"。自从他卖掉"锤子手机"，转行成为"直播带货"能手后，关于他的讨论就没停止过，这样的自带流量的人物选择在苹果新机发布会这一天"杀回"手机圈，形成了看点一。

前期宣传中的海报倒计时，复刻了锤子手机以往的海报形式，包括在"旧机发布会"上，罗永浩也延续了过往锤子手机发布会的风格，这就形成了看点二。

这一系列对比都引发了大量网友的讨论，引得一众微博大V纷纷为其免费站台，形成破圈传播。

从整个营销事件来看，"转转"平台想要达成的目标很明确：通过罗永浩和"旧机发布会"的双重话题效应，吸引大众广泛关注和讨论，并不局限于关注二手手机交易的人群。

正如我们此前介绍的，营销的终极追求就是转化，就是用一套方法从泛人群里面找到精准人群，而精准人群就意味着转化。

根据数据显示，10月14日12:00，"转转"App的下载量激增，整个活动的热启动做得非常成功，不但贡献出热搜，也为平台完成了下载转化的任务。

6.4 裂变工具

裂变是一种不可或缺的低成本引流获客的方法，一般来说，通过裂变获取的用户的留存率和转化率都是非常高的，下面介绍在微信生态中常用的几款裂变工具。

一、建群宝

建群宝是一款高效的裂变式拉新引流工具，在内容和福利的驱动下，以带活码的海报为传播媒介，促使用户进行转发，覆盖用户身边的连接点，打通用户的关系网，由此达到老用户带来新用户的目的。

建群宝可以承担微信个人号好友裂变的功能，完全能够自动化运行，自动接收好友请求，自动回复，云端切换个人号以突破加好友限制，并与他们进行对话，还可以自动回复要求用户转发朋友圈的话术，自动邀请用户加群。

需要注意的是，建群宝系统允许的好友添加上限是 100 人/天/号，当入群人数满 100 人后，系统会自动切换一个活码，下载并放到裂变海报中，用户即可转移到下一个新群，无须人工操作。

二、草料二维码

草料二维码是一个将网址链接转换成二维码的工具，进入草料二维码的制作网站，粘贴网址即可生成二维码。

草料二维码可生成活码。

三、短连接工具

在需要短连接的时候，可以使用百度短网址、Dwz3. cn

等，选择适合微信的短连接服务。

四、海报工具

除了 Photoshop 外，可以使用创客贴、一键生成、微商水印相机、懒设计、图帮主、Canva 来设计各种海报。我们在设计海报的时候，要考虑什么样的内容和图片点击率会更高。

五、社群运营管理工具

社群运营管理工具也比较多，常用的包括小 U 管家、群勾搭等。

小 U 管家具有群发信息的功能，还可以设置各种关键词的自动触发，能给我们节省很多人力。

六、多群直播

一起学堂是一款基于微信群的线上直播工具，可实现多群同步直播，也可以录播。一起学堂不限群数、不限时间，可在多群用语音转播，使用机器人在多个群里同时发送图片、语音、文字，营造多群同步直播的氛围，近距离和群友进行互动。

第 7 章

超级话题营销的禁忌

在做话题营销时，我们要有自己的想法，不能被别人带着跑，尤其要注意以下三个禁忌。

7.1 低俗禁忌

2019年情人节前后，自从外包装被认为关联情色开始，某品牌椰汁就陷入了至暗时刻。先是被网友批评外包装暗示能丰胸，属于虚假宣传和情色宣传，接着丁香医生发表的一篇科普文引起围观（见下图）。

就危机公关的角度来看，该品牌椰汁所属企业（以下简称"A企业"）的反应算是迅速。情人节当天，为了表明自己和情色、虚假宣传无关，A企业立即推出了新的广告宣传

版本。

在新的广告视频中,不同年龄段的演员配上了"上小学,妈妈叫我喝""上中学,我自己喝""上大学,我天天喝"的广告语,在广告最后所有演员异口同声说"白白嫩嫩,我从小喝到大",以此证明"从小喝到大"与丰胸无关。

然而这一切操作收效甚微,舆论依旧攻击"从小喝到大"就是打情色牌。

2019年2月16日,A企业又发表了新的声明(见下图)。

对于这一切操作,舆论没有买账。《人民日报》更是直接批评A企业的营销风格长期以来都在低俗的边缘试探,欲盖弥彰。

2009年,A企业曾因在公交车上发布"老婆喜欢老公喝椰树牌石榴汁""木瓜饱满我丰满"等广告,被当地工商部门认定违规,责令其立即停止发布此类广告并处以1 000元的罚款。

2016年，A企业推出了火山岩矿泉水"胸模瓶"，又引起不小争议。2019年，因妨碍社会公共秩序或违背社会良好风尚，A企业被当地市场监督管理部门罚款20万元。

因为A企业一贯以来都爱在广告中打"擦边球"，所以公众的记忆被A企业的反应迅速唤醒，导致A企业的每一次回复都被视为一场抵赖。

A企业如此坚持打情色"擦边球"，甚至屡次违规还要这么做，不是价值观本身的问题，是他们相信这样的确曾经很有用。然而问题在于，时代和市场正在发生变化。无论是在保守的社会，还是在开放的社会，打情色"擦边球"都面临巨大的风险。

在社交媒体时代，打情色"擦边球"的风险更大。情色"擦边球"广告借由媒体的跨圈层传播，会导向任何一个阶层的网民。这些网民的接受度大相径庭，不满的人可以通过互联网言论影响市场。

这类广告一旦出现争议，舆论一定是倾向于"物化女性""伤风败俗"等连环批评。这类广告既被保守人士批评又被女权主义者抨击，可以说风险极高。

如果不管产品属性，只是为了激发用户的购买欲而去打"擦边球"，则很容易陷入全民批评的万劫不复之境。

7.2 伦理禁忌

某第三方消费点评网站做过一次非常露骨的酒店优惠营销，海报主题为"9.9元起带学弟学妹去开房"，"去开房"字样的背景竟是避孕套的图案。宣传图片下拉信息是酒店的团购信息。这张海报引起网友评论：没伦理、没节操。

当记者致电该点评网站活动页面所列的10家商户时，商户的工作人员均表示他们不知此次活动。"网站怎么宣传是他们的事，这明显是推广手段，能吸引人注册。"

业内人看一眼就明白，这是妥妥的话题营销套路，可是，这样的话题营销，却是在拿品牌的生命开玩笑。

当然，品牌方的套路不止于此，在话题按照预期节奏引爆后，品牌方在网上铺设了大量的公关软文，主要策略就是把舆情向创意、生活方式、网友热议上引导，软化伦理元素，强化争议元素。

我按照品牌名搜索了一下，发现整个话题的发酵宣发渠道套用了4F超级话题营销法，即：发射（在第三方消费点评网站上线问题海报，然后制作成聊天记录）；裂变，通过在社群中大面积投放聊天记录，迅速引起关注；发酵，部署大量的公关稿，对舆情进行引导，避免在伦理上被发酵过度，离开危险区；效果，发酵后形成话题关键字，受众因为好奇主动搜索，最后完成引导进店的闭环。在微博、微信指数上，话题热度曲线和我预期的一致。

话题营销是社交网络的产物，用得巧、用得正，可以让企业获益良多，一旦歪了，即使达到预设的传播效果，也会名不正言不顺，并且只能使用一次，同时对整个营销行业也是一种伤害。在做话题营销时，永远不要低估舆论的双面性，如果没有敬畏之心，最后伤及的是自己。

7.3 文化禁忌

关于文化禁忌，先讲两个案例。

2017年10月，著名洗护巨头多芬（Dove）在脸书上发布了一组图，画面是一名黑人女性在脱下棕色上衣之后，"脱胎换骨"成了一名白人女性，暗示这一切都是沐浴露带来的"美白效果"。

这则广告遭控种族歧视，多芬的做法无疑挑战了道德的底线。因此，国外网友在各大社交平台上对多芬进行了声讨与抵制，之后多芬也为此进行致歉。

这种带有歧视色彩的广告会给消费者带来深深的伤害，也会给品牌带来难以挽回的损失。从品牌资产的角度而言，带有

歧视色彩的广告事件可能会使公司的品牌价值和品牌形象就此跌落谷底。

起源于南京的日系茶饮品牌"伏见桃山"（现已更名为"伏小桃"）曾因品牌名称引发了不少争议。

该事件发酵于 2021 年 8 月，有网友在社交媒体上发文称，伏见桃山陵是日本明治天皇陵墓，而茶饮品牌"伏见桃山"的名称与其相似。实际上，早在 2020 年，伏见桃山就曾因名称问题被消费者质疑过。

当时，伏见桃山在声明中解释称，"伏见桃山"不是陵墓名,而是一个地名的简称,指日本京都的伏见区桃山一带,通常被简称为"伏见桃山"。网络上提及的陵墓确实位于这一带,但并不代表这个地方,更不能等同于"伏见桃山"这个词。

不过这种说法似乎并没有获得大众的认可。外界认为,"伏见桃山"引发争议的根本性原因,不是跟日本天皇陵墓撞名,而是"一个南京的奶茶品牌,取了日本地区的名字"。

在做营销时,一定要规避文化禁忌,如果自作聪明地玩"创意",则很可能会"翻车"。

纵观近年因文化禁忌而"翻车"的品牌事件,即使企业通过公关活动进行了补救,但对消费者的情感伤害是难以修复的。

第 8 章

案例复盘

8.1 《南宁晚报》的表白事件

2014年3月,新媒体"南宁圈"利用"圈"的谐音字"泉"及传统媒体"南宁晚报""宁"的谐音字"柠"策划了一场全城表白活动,该活动通过在报纸上告白和揭秘的方式,对新媒体和传统媒体的"联姻"进行了一次成功的营销。这则广告刊发之后迅速引起全城轰动,"柠泉热恋"的信息在整个南宁市民的朋友圈刷屏了,很多商家和同行也争相模仿,借势宣传,成功提升了"南宁圈"和《南宁晚报》的品牌价值。

当时决定做这样的营销活动,背后有品牌自我包装的原因。"南宁圈"作为当时新崛起的一股自媒体力量,虽有几十万粉丝,但商业变现能力却很弱。很多商家甚至同行都不认可新媒体的投放价值,所以我想做出一点改变,打破现有的僵局,这时候就需要突破常规的玩法了。

在策划本次营销事件之前,全国各地正在热映《超能陆战队》,它之所以能够大卖,很大程度归功于片中"大白"这个角色的成功塑造。"大白"的人设呆萌无害、温柔暖心,有一副暖男的形象,所以我在文案中植入了"大白"的元素,增加了与大众的亲近感,降低大众阅读时的警惕性。

为了更有真实感，我把"南宁圈"定义为"小泉妹"，将《南宁晚报》定义为"柠哥"。作为一个比较严肃的本地传统媒体，《南宁晚报》发布这样一则浪漫的告白广告，在以前是闻所未闻的，在好奇心的驱使下，大众会开始热议，猜测是哪家的"富二代"包下传统媒体的头版去告白？女主角为什么叫"泉"？

"柠哥"是谁？有人怀疑这个告白是炒作房地产的，也有人说是××冰泉的广告，一时间众说纷纭，很多人自发地进行传播扩散。正是因为话题性强，所以满足了大众的"八卦"需求。

另外，仅凭借话题炒作的初级传播是不够的，为了给大众提供能够跟风复制的空间，我把文字和画面设计得尽可能简单。

很多话题一旦火了，就会有人跟风借势，把自己的广告信息复制到画面当中。有人觉得这样的借势会导致流量被分走，其实并不是，只要在前期设计得足够巧妙，这种复制的结果其实是"被我们借势"，因为复制的人，肯定会用自己的资源去进行二次传播，无论是报纸、线上广告甚至是自己的朋友圈，最终的结果是更多人发现了初始的营销事件。我们的目的并不在于某个画面的传播，而是整个话题的发酵程度，通过持续发酵继而向我们的核心信息赋能，最终会收获更多的流量和关注。

9天后,"南宁圈"和《南宁晚报》按照预定计划举办了一场声势浩大的"南宁+"发布会,把当时参与借势的企业、商家都邀约到发布会现场,隆重宣布整个事件的来龙去脉,所有借出去的势,又瞬间回到了自己身上。这个营销事件同时也成了当时全国第一个实现跨媒体合作的经典案例。

当月的《南宁晚报》头版因为这次的事件营销,广告排期全部排满,"南宁圈"头条的广告投放价格也因此水涨船高,翻了10倍,初步达到了我的战略预期。

8.2 《深圳晚报》的"不懂为什么,就是突然想打个广告"

2016年,"南宁圈"联合熊猫自媒体联盟,在《深圳晚报》包下了整个头版打了一个广告。"南宁圈"的文案位于版面上方(见下图):

第 8 章 案例复盘

熊猫自媒体联盟的文案位于版面下方（见下图）：

这则广告一经推出就在朋友圈呈刷屏之势，甚至OPPO、魅族等一线品牌也被网友拿来改编和传播，"不懂为什么"体由此名声大噪。

虽然这则广告设计简单，从构思到出品仅仅花了不到20分钟，但其传播力惊人。我在创作之初通过使用摄影机法在脑海里做了一次完整的沙盘推演，确保可行后才投入实操。

相对独立和稳定的种子用户池对任何事件营销的初期引爆都很重要。种子用户池有很多形式，它可以是微信公众号的粉丝、直播间的粉丝、微博的粉丝，甚至也可以是陌陌的粉丝，它可以来源于微信群、QQ群，甚至来源于你的朋友圈中打了标签的某类好友。

"不懂为什么"体这个广告的第一级裂变就来源于我自己的种子用户池，即我的微信朋友圈，里面覆盖了4000多个好友，有公关公司的管理者，有市场部精英，也有和我一样的自媒体人，他们都是各自领域的KOL。所以当这个广告在朋友圈曝光后，由于本身具有一定的话题性，便迅速引起了这些KOL的关注，加上足够精彩的"自媒体逆袭风"，它的第一次传播就迅速完成了裂变，仅仅一个晚上便在整个公关圈和自媒体圈刷屏。

在广告设计上，我做了很多细节处理。在色彩上，我采用简单的红白大色块撞色，因为我知道这样的撞色可以在第一时间引起受众的关注，同时颜色简单有助于受众直接把注意力聚焦到文案上，不会受到太多的干扰。传统广告都强调画面设计的美观性，可互联网或者社交网络传播更多强调的是简单明了，这和广告出现的场景息息相关。手机屏幕逐渐小型化，视觉场景掺杂太多的复杂元素只会降低传播的效率。

在字体上，我采用了大黑体，注意，不是粗黑体也不是中黑体，字体是一个很容易被大家忽略的细节。为什么要这样做呢？

我们可以设想一下我们平时看朋友圈时是怎样的场景，是不是会先看到一张预览的小图？那你就要考虑了，在微缩预览图中，中黑体的字体会变得更细，以致无法在第一时间很好地被受众识别，也就降低了朋友圈好友的打开欲望。而粗黑体微缩后会糊成一团，同样不好识别。

另外，在字体上我采用了正常的计算机默认字体，很多图片在朋友圈刷屏后，网友感到好玩会进行大量的PS再创造，如果我们使用默认字库没有的偏门字体，则会增加网友PS的难度，从而会降低图片在更大范围传播的可能性。事实上，在后期我们还紧急上线了一款 H5 页面自生成器，只要网友在生成器里输入自己的名字，都可以生成属于自己的专属 H5，网友炫耀和搞恶作剧的心态加速了图片在朋友圈的裂变。

8.3 "梁诗雅"事件

一、"梁诗雅"事件介绍

2018 年 3 月 21 日中午，几十家自媒体在同一时间发布推文《梁诗雅，我花 208 万祝你新婚快乐!》，引起了很大的反响。这张署名为"飞"的手写告白书的作者称在前女友梁诗雅结婚之际，自己用 39 个比特币买了全国 100 个城市微信公众号的头版版面，祝福她新婚快乐。

由于我们之前已经在朋友圈透露了这次推文投放的动机，所以包括腾讯科技在内的很多媒体都在第一时间发文报道了此事，腾讯新闻、网易财经、新浪网、搜狐网等上百家媒体相继对这件事进行了报道，此事在知乎和微博上迅速登上热门。

24 小时内，这则推文在微信上的阅读量就超过 100 万，美至简和圈子的自媒体矩阵涨粉达上百万，最高的一个账号涨粉超过 4 万。

一天内，新增注册梁诗雅微信公众号 50 多个，新增注册梁诗雅微博账号 80 多个，梁诗雅域名注册爆满，梁诗雅微信指数高达 1 488 万。

分析显示，这则推文的二次曝光量是一次曝光量的 3 倍以上，全网曝光量在 2 亿以上，参与互动点赞、转发、评论的人数超过 5 000 万。模仿创意的发酵时间持续 48 小时以上，发布二次推文的各种微信公众号超过 1 000 家。

二、事件起因：真人真事

这个事件只是我即兴做的一次策划，前后只花了几分钟的时间。起因很简单：有个朋友因为准备移民了，出国前心里一直留有遗憾，获悉前女友即将大婚，他想祝福，却想不到合适的点子。在找我之前，他已经找了不少明星录制祝福视频，但是依旧觉得不够满意。

了解事情的原委后，我说用我的账号首发，她肯定会收到。朋友觉得这个点子不错，于是便让我设计一张祝福的海报，但是我觉得普通海报没有什么人情味，于是便让他亲手把要说的话写出来，最后我做了一些修改，便推送出去了。

修改的时候，我考虑到如果事情发酵，当事人双方都会被"人肉搜索"，所以对他俩的名字进行了模糊化处理。

三、复盘：策划＋优化＋原则

我对"梁诗雅"事件的火爆是有预期的，尽管策划的时间很短，但在整个过程中，我利用摄像机法把流程预演了一遍。

1. 传播场景的搭建

传播的基本逻辑是创造一个大众能看到的场景，大众觉得好奇，就会分享到朋友圈，最后会有人发布文章进行讨论。在做"梁诗雅"事件之前，我只需要完成三个场景的搭建即可。

首先，要搭建一个大众看得到的场景。这个场景可以是各种各样的，但是也要根据自己的需求来选择。比如我在做"不懂为什么"体话题营销的时候，目的是提升"南宁圈"的品牌知名度，所以选择利用权威纸媒来搭建场景。我在给苏宁策划"818发烧购物节"的活动时，目的是帮平台促成商品转化，所以选择利用人流量大的一二线城市的地铁站和购物广场来搭建场景。

而策划这次"梁诗雅"事件的目的是增加曝光和推广我旗下的自媒体账号矩阵，并让朋友的前女友得到祝福，所以我选择利用传播力度强、覆盖面广的微信公众号来搭建场景。同时我考虑到微信公众号的打开率在下降，优质账号越来越多，人们的目光已经不再那么集中,单个自媒体的发声很难引起大范围的关注,于是我就初步拟定利用100个城市的自媒体账号进行排兵布阵。

其次,还要促成朋友圈的分享和朋友圈的讨论这两个话题传播场景的搭建。这两个场景的搭建分成三部分,第一部分是情感触动。由于故事本身就是比较浪漫的,一个只能远远祝福前女友的有情人、一枚无法再送出去的钻戒、一封手写的告白书,就像大学宿舍楼下点蜡烛捧花的告白总是会被围观一样,博眼球的爱情桥段总是能够得到很多的关注。

第二部分是情绪触动,一个穷小子和208万元的投放费用,一个被抛弃的男孩宣泄自己心中的不甘,一个新娘在婚礼当日收到前男友"任性"的祝福,这些都是极好的情绪点,很容易挑起人们的情绪。有了情绪,自然就有了争议。

第三部分是想象触动,就是在文字表述中给人们提供想象的空间,比如"分手原因是什么"等悬念,以此引发人们对这个事情的想象,同时也可以引导网友进行二次创作。这三部分集合起来,就共同推动了这次事件的火爆。

总结来说,传播是一次利益主与大众的利益交换,要么让大众获得实在的利益,要么让大众集体兴奋。

2. 传播模式的优化

(1) 图片传播。

在场景营销中,最容易引发裂变的方式不是推文,不是视频,也不是什么高科技手段,而恰恰是最简单的图片。

作为最容易在第一时间触达人眼的形态,图片具有识别快、容易复制、曝光率大的特点。在网络传播中,图片不像文字那样需要太多的注意力,也不像视频那样需要有一个较长时间加载的过程。在推文进行分发时,我把大多数平台都会设置的头部引导和尾部引导的二维码等冗余信息全都去除,只留下一张图片。这样做是为了让人们在点开推文的时候,不会受到其他信息的干扰,提高了图片的曝光率。

(2)竖屏沉浸式体验。

"竖屏沉浸式体验"这个词组很好地表达了我的理念,所以借过来一用。在我和朋友确定采用这种祝福方式后,朋友手写的第一版告白书是横版的,我认为横版的效果并不好,于是便让他写了第二版告白书,并且对图片的长度和宽度进行了设置,也就是大家在网络上看到的竖版图片。之所以这样做,是因为竖版图片在手机屏幕这个场景中占据的面积更大,视觉效果会更好。之所以设置长度和宽度,是为了让图片与标题能够同时出现在屏幕上,这样用户在截图传播时便不会遗漏信息。

其实"竖屏沉浸式体验"并不是一个新鲜的概念,比如Kindle的竖屏设计能够让人更快地沉浸进去,把很枯燥的文字看完。抖音其实也是基于这个逻辑,我们在抖音中刷到的高点赞量视频,绝大多数是竖屏拍摄的,这种拍摄方式能给用户带来很强的参与感，从而让用户产生情感上的共鸣。

（3）手写体的真实感。

手写体不是我第一次使用，在给苏宁策划"818发烧购物节"的活动时我用手写体，是因为想突出任性的调皮情绪，而这次我建议朋友使用手写体，更多是出于对真实感的考虑。

一封打印的情书和一封手写的情书，你认为哪种情感更真挚？当然是手写的。这封告白书的字迹也许不是那么好看，排版也没有那么规整，甚至每个字的大小都不一样，但是它却更能表达出作者的情感，更能引起人们的共鸣。它不是冷冰冰的几行字，而是一个有情人内心的真情实感，这种让人浮想联翩的故事也很好地冲淡了其中的营销意味。

3. 传播原则

（1）提前铺垫。

很多人都遇到过一个问题，在做营销时有了一个好点子，自认为绝对能火，但是营销活动推广出去，激起了第一层水花，到第二层就走不动了，其实这都是前期的铺垫没做好。

在做策划时，我会在执行之前把整个流程用摄影机法推演一遍，把所有需要安排好的节点都想到了再执行，这个过程就涉及很多前期铺垫工作。例如，在"梁诗雅"事件的推文发出之前,我就已经让人事先关注了所有准备发送推文的微信公众号,这样才能在它们发出推文的第一时间把账号列表截成长图保存下来。事实证明,这些长图促进了更大范围的传播。

(2)做好危机处理。

文案刷屏后,有网友质疑我的行为涉嫌"炒币",并以此拉动比特币价格的大涨。虽然提及比特币的文案并非出自我之手,但是为了控制事态不往坏的方向发展,我迅速叫停了整个事件的传播。原计划投放100家自媒体,在投放了30多家时,我便直接停止了投放。

事情发酵以后,也有很多做区块链的人找我做推广,但是我都一一拒绝了,并且主动接受了腾讯平台的采访,在采访中进行了澄清。之所以只接受腾讯的独家采访,是因为每个媒体都会有自己不同的立场和见解,众说纷纭,难免会出现纰漏,各种不同的采访稿也不利于控制舆论走向。

(3)坚守原则。

很多人都认为"梁诗雅"事件是一个彻头彻尾的虚构事件,但是这件事情是真人真事,并不是我编造的。

我做营销以来一直坚守的一个原则,就是绝不会无中生有。无论做什么,我都会基于事实去做。事实就是我的底线。这个原则,我也希望能与营销界的同仁共勉。

8.4 通过朋友圈请江南春吃饭

2018年6月6日12点40分，微信朋友圈再现百家新媒体头条刷屏事件，"分众江南春，我想和你吃饭！"轰动朋友圈和媒体界，此次新媒体营销事件引爆朋友圈，吸引了众多媒体的密切关注和争相报道。

此次事件是我临时起意，做的一个很大胆的朋友圈社交实验。100个微信公众号的头条几乎在同一时间发布标题为"分众江南春，我想和你吃饭！"的推文，全文242个字，在恭喜行业老大哥江南春旗下的分众传媒代表我国喜获纽约广告节"最具价值媒体大奖"的同时，也表达了向榜样学习和奋起直追的斗志，希望五年内能努力追上他，获得一个和他吃饭并当面向他请教的机会，并提出下一次"最具价值媒体大奖"也许就在我们新一代媒体人中诞生。

此次百条微信公众号头条一经发出，瞬间在朋友圈刷屏，我也同步在自己的朋友圈发声："我突然想约江南春吃饭，但是我不想通过朋友找到江总，我想看看我们新媒体和朋友圈的力量，感谢每一个帮我转发的朋友，如果我真的约到江总，算实验成功，如果失败，我决定半年不吃肉。"此发声立即获得了各大媒体和创业者的转发和支持，并表明"如果老江今晚还没有看到或者回复，那我明天就再刷一次"。

发布当天下午，分众传媒的江南春在微博发出回应："你好，甄妙，感谢你的100条头条祝福！我接受你的约饭，时间你定，来上海兆丰世贸大厦找我。"

经过此次朋友圈的营销传播，2018年6月6日当天，分众传媒和江南春的微信指数迅速攀升，用户的兴趣点快速聚焦，成为当时互联网用户较为关注的热点。

收到回复以后，我立刻发朋友圈感谢支持我并帮忙转发的各位朋友："太！激！动！了！！！江南春回我了！！！这居然是真的！！！谢谢帮忙转发的各位！！！"

事后，我分析了这次话题营销成功的几个关键点：第一，符合网友看热闹的心理。江南春是广告圈的大咖，一个普通人对其发起挑战，让很多人产生了想看事情怎么发酵的心理预期。第二，素材足够简单。虽然我调动了很多微信公众号进行发布，但其实真正传播出来的是微信公众号头条发布联排的截图（见下图），而足够简单的截图通过复制和粘贴即可完成一次传播，大众传播成本低，这也导致话题在传播中呈指数级扩散。第三，巧妙地调动了分众传媒员工的积极性。在本次话题营销中，整个话题看似"挑战"，实则"互捧"，字里行间传播的是我对江南春的个人崇拜（事实也是如此），而分众传媒的员工在传播这个话题时可顺便借势对朋友圈的潜在客户做公关。在这种心理诱导的驱使下，话题成功地从自媒体圈扩散到行业媒体圈和甲方品牌圈，实现了破圈的战略预期。

8.5 用一条朋友圈换兰博基尼

用一条朋友圈换兰博基尼这个事件我策划了半年，我将其称为社交实验。在2019年4月8日凌晨，我在微信公众号上发布了一篇名为《我准备用一条朋友圈换一台兰博基尼超跑。》的文章并转发到朋友圈（见下页图），从而开启了这次社交实验。在发起这次社交实验之前，我在知识星球发布了实验进程的预测，也就是4F超级话题营销法的几个环节，与其说是我开创了这个营销法，不如说我只是把网络传播定律整理了出来。

第 8 章 案例复盘

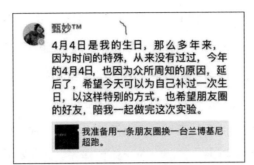

事件被刷屏后,我在朋友圈发了一条信息(见下图):

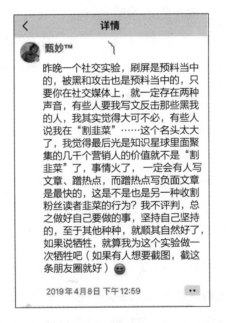

如图所示,事情按照我预想的轨迹发展,我也明知会引起各种争议甚至质疑,但为了验证理论,我选择硬扛。在社交媒体上,任何事情都会引发不同的声音,我们要做的不是压制,也不是辩解,而是不断解决信息不对称造成的沟通问题。

对于这次社交实验，我预设了两条测试线，一条是明线，就是如上所述的网络传播定律，即 4F 超级话题营销法，整个事件按照我预期的方向发展：发射、裂变、发酵、效果。实验本身最有意义的是：我并没有用说教的方式去证明 4F 超级话题营销法是否正确，而是把自己及整个话题当成实验本身，网友在围观的过程中，也同时成了这场社交实验的参与者和缔造者。另一条线是暗线，从社交网络人群的心理去分析话题营销的影响和作用，我在后文会进行拆解。

实验结果是：截止到 2019 年 4 月 9 日，实验已经基本确认成功，企业和个人两个方面的价值交换，已经远高于一辆兰博基尼跑车的价钱。要做好社会化传播，就要对社交网络人群的心理有足够的了解。

在这次社交实验的暗线中，整个话题营销经历了猎奇、尝试、跟风、追捧、争议、质疑、沉默、力挺、反转、理性几个阶段。

1. 猎奇

在刚开始的时候，人们都会被"一条朋友圈换一台兰博基尼"这样大胆的想法吸引，也很期待这场对赌的结果，好奇我究竟能不能成功地买到兰博基尼，这是猎奇心理在发挥作用。

2. 尝试

当天凌晨推文刚推送出去没多久，我身边的亲朋好友成为话题传播的种子用户，开始试着帮我转发到朋友圈，这完全是基于他们对我的信任。如果平时我就是个随意消费他人信任的人，这一级的裂变效果会大打折扣。

3. 跟风

在越来越多的朋友基于尝试和信任帮忙转发以后，就影响到了更多圈层的人，于是这些人也不自觉地跟着转发，在这个过程中，由认识我的人带动了更多不认识我的人，然后逐级裂变，到后来便演变成跟风，于是就出现大半夜一张张红色海报刷屏的现象。当然在这个环节有一点超出预期，原本设想推文被快速转发的目的没有实现，反倒被朋友的助攻海报替代了（这个环节没控制好，因为在事先部署渠道时，海报在没有完成修改的情况下被意外泄露，以至于后来已经无法回收重设了），当然这符合图片比链接传播得更快的传播逻辑。在一般的话题营销中，一旦图片泄露，基本上是没有修改机会的，因为图片易复制、难删除，遇到这种情况，只能逐步在传播节奏上进行调整。

4. 追捧

话题刷屏之后，开始进入追捧阶段，人们会觉得这个刷屏案例很牛，好久没出现过这么壮观的刷屏场面了……朋友圈中一片叫好，而我的心理压力却开始陡然升高，因为我很清楚，舆论风暴即将来临。

5. 争议

在社交媒体时代，被追捧的事物往往会引发争议和质疑。事实也正如预期所料，在朋友助攻的外链被封之后，舆论开始出现复杂的波动，有单纯对事件做客观分析的网友，也有恶意相向的同行，杂音、谩骂声和质疑声出现，在各个圈层的社群和自媒体账号上引发争议。

6. 质疑

由于信息不对称，在没有看到我发布的源文章之前，很多人只是看到了碎片化的刷屏信息，很自然就会产生质疑心理，负面情绪开始主导整个传播走向。一开始还只是一些不认识我的人在质疑，但是当外界的质疑声越来越多的时候，一些原本认识我的人也开始怀疑自己是否被我"套路"了，由外而内的反向影响开始发酵。这个时候有人建议我发文回怼，但是根据我的经验，遇到任何舆情，做任何激烈的抗争式操作都只能让事情进一步恶化，所以这个时候我们选择的策略是静默，对一些带节奏的黑稿采取观望状态，同时积极地将更多真实信息通过不同渠道进行发布，慢慢平衡社交网络上信息不对称的问题。

7. 沉默

受质疑声的影响,部分原本支持这次活动的朋友在朋友圈忽然间变沉默了,虽然他们没有公开提出质疑,但是我知道他们只是不想受舆论波及,核心层关系的沉默心理在这个时候占据了主导位置。

8. 力挺

在经历了质疑、沉默阶段后,真正的人性测试开始了。在舆论压力最大的时候,才可以筛选出真正的伙伴和队友。在这场风暴中,一部分人开始主动为我分担压力,积极力挺,帮我转发、解释、回怼,这也是我发起这次实验之初所说的,希望能在实验中找到真正和我的价值观匹配的核心圈层,而这在平时是无法做到的。

9. 反转

随着在质疑阶段我们披露的信息(实验内容和素材)被越来越多的人看到,大家对事件的原貌有了更多的了解,情况开始逐步发生反转,不再是一味地被黑稿"带节奏",而这要归功于一些圈内媒体和资深人士写的拆解文,让越来越多的信息传递到早前由于信息不对称产生负面情绪的人群中。其中几篇有代表性的文章标题如下,读者可搜索查看:

《"一条朋友圈换兰博基尼"海报刷屏,我们和发起人甄妙聊了聊》

《如何评价昨晚刷屏的"朋友圈换兰博基尼"活动?》

《一条朋友圈10小时换辆兰博基尼,"裂变刷屏不等于割韭菜":对话甄妙》

10. 理性

整体的舆论导向也在我们不断公开信息的同时回归了理性。当然在整个过程中,我始终认为事件争议的各方没有所谓的对与错,更多是社交网络的一种信息不对称及"羊群效应"所带来的心理影响,这也是本次实验要验证的课题之一:人性的复杂和多变在传播的各个阶段体现得淋漓尽致。

回归到实验的初衷,我之所以想建立一个营销人的知识社群,也是想吸引有相同价值观的人一起探讨营销。

不管怎样,这是一次压力巨大却很有意义的社交实验,仔细思考下,实验后我获得的除了足够购买两台兰博基尼跑车的收入外,还有经过筛选的优质品牌合作方。此外,这次实验不但验证了4F超级话题营销法的可行性,也在一夜间让我建立起一个高度同频,聚集了国内优秀运营人和营销人的知识型社群,同时打通了品牌方和KOC(关键意见消费者)的商业闭环,一方面品牌方可获得更多有效的推广渠道,另一方面KOC可获得变现的机会。我还收获了最珍贵的友情。

8.6 百万乙方云提案

我做了多年的乙方，真心想说一句，当乙方真的憋屈！我一直感觉自己唯唯诺诺，低声下气，为什么我不能硬气一点？我认为好的创意和话题值得被尊重，所以我在朋友圈和快手发起了一场百万乙方云提案的活动。

为什么选择在快手做直播？我不了解快手，想尝试一下跨圈实验是初衷之一。在微信公众号的红利期，我和公司的确取得了不少成绩，也搭建了有足够影响力的粉丝矩阵，但这也正是我们对短视频市场迟钝的原因。如果没有办法调整自己去适应用户的变化和顺应时代的变革，就是故步自封，只能做"井底之蛙"，最终被淘汰。

这次我联合了新媒体圈的很多朋友，比如鉴锋、刘畅、KK、阿may、王六六、郭亮亮、晴格格、韩夜、芳姨、杨震凯、贺嘉、不花老师等，并且与快手官方进行了合作。对于这次活动，我做了充分的准备，并且提前一周就开始进行预热（见下页图）。

我是一个喜欢天马行空的"野路子"营销人，每次想到好的点子，就会逼着自己去做，哪怕是自掏腰包，也要付诸行动。下面将这次活动的收获和反思分享给读者。

一、是提案，是话题，也是营销

这次提案的甲方是江中食疗，但是我没有事先和江中食疗打招呼，也没有提前拿到什么预算，我做好了自掏提案奖金的准备。下面我重点介绍该活动的传播效果。

下页的两个图是我们的数据团队收集到的一些数据：

在全网数据的关键词热度上，我们可以看到话题的讨论存在明显增长的情况，在话题发射当天，朋友圈和社群的裂变让话题热度达到峰值，并最终转化为搜索，这和我的4F超级话题营销法的模型基本匹配。本次活动的一个特点，就是"招募提案人给江中食疗做营销"这个过程本身就是一次"营销行为"，这既是我要的结果，也是我要的过程。这种玩法我之前没有尝试过，所以想到这个点子的时候，我就特别兴奋。

第 8 章 案例复盘

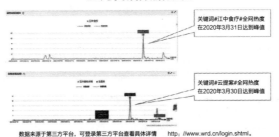

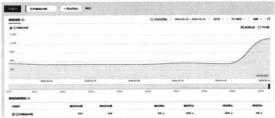

这次活动基本是通过新媒体圈各位大咖的基础社群和朋友圈做的冷启动（见下图）。

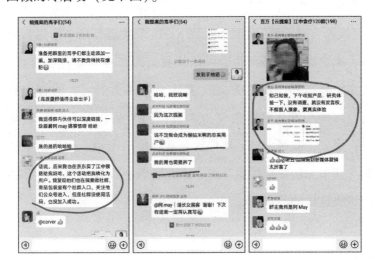

我们很顺利地按照预期组建了上千个提案社群，直到活动结束，我们依然保留了大部分的活动社群（见下图）。

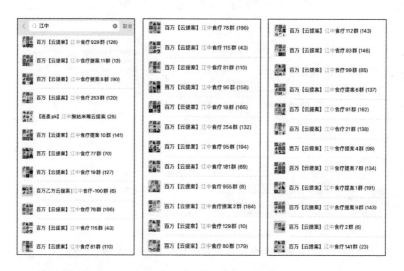

通过一次营销活动把乙方召集起来组建一个社群联盟，是此次活动的目的之一，这些提案群将保留下来成为我们的"超级乙方联盟群"（见下页图）。这个联盟有几个作用：第一，无论此次云提案是否可以让我们跟江中食疗达成合作，其实已经有不少品牌方向我表达了后续类似模式的合作意向，这些乙方社群将会成为未来我们与品牌方合作的启动群；第二，品牌方难寻性价比合理的推广渠道，而推广个体缺乏背书无法对接优质品牌，乙方联盟的社群机制也许有助于解决这样的痛点。

第 8 章 案例复盘

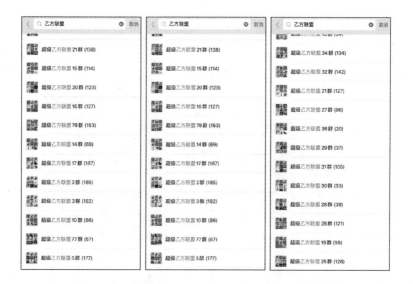

因此，这次的百万乙方云提案是提案，也是话题，并且是让所有人都可以亲身参与其中的营销。我希望它是一个新的营销传播模式的开端，让我能够在传统的营销模式下玩出一点"新花样"。

二、活动反思

1. 活动的规则和用户路径

因为这次活动的设计在规则和用户路径上并没有做到极致，所以下面说明我对这次活动的反思。

下页图展示的是活动初期设计的用户路径图：

超级话题营销

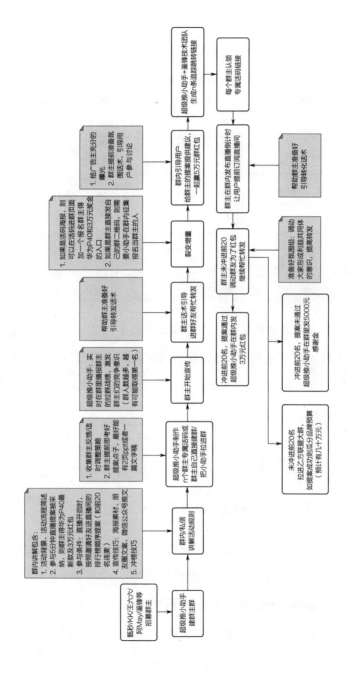

第 8 章 案例复盘

下图展示的是我发布"云提案"话题的发射路径:

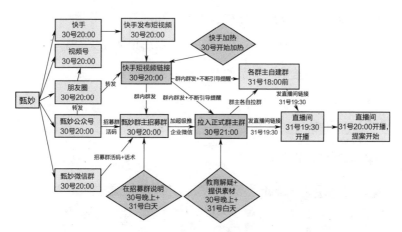

在这次活动中,我们并没有采用以往的朋友圈海报裂变形式,而这种弃简从繁的操作让很多人看不懂,他们甚至认为我们在路径设置上出了问题,其实这主要是因为我想用一种全新的方式进行测试:招募群主,然后通过群主来发动活动。所以,在这次活动中,我们将主要精力放在了群主的招募上,以给群主大奖(提案中了的群主奖励华为 P40 手机和 3 万元推广金)的方式激励群主建群来进行传播。但正是这样的设计导致后面在出现突发情况需进行调整时,灵活度受到了一定的限制。这也就可以解释为什么有些用户在参与过程中向我们反馈不知道要怎么参与,或者认为规则太复杂了。

2. 技术的配合

一些临时的流程调整,以及为了配合活动效果做的规则调

215

整（临时拿出 50 万元做直播推广前 1000 名的奖励），导致技术上出现了一些问题。比如因为缓存和刷新原因导致排行榜前后端数据不能及时同步，以及已有数据出现波动等，都是活动规则更改后给技术人员留的开发时间不足所致。这是需要检讨的地方。

仅海报和奖金规则就出了三个版本（见下图），传播时间也因此变得比较紧张。

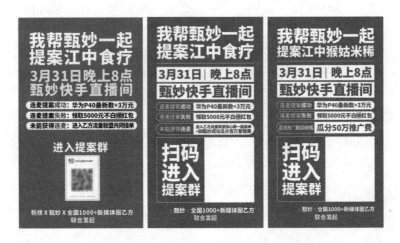

3. 跨平台宣传的限制

此次活动在社群和朋友圈的曝光量应该是百万级的，但是我们发现最后引导至快手直播间的数据并不让人感到惊艳，只有不到 4.7 万人观看（见下页图），同时在线人数为 1000 多，最终的留存粉丝为 4000 左右。事后通过分析，我们纠正了一个认识，就是原先我们认为快手在微信生态体系内受到的限制会比抖音少,这也是我们一开始就考虑在快手启动直播的原因。但是在话题发射当天,我们发现快手的直播链接在转发时被屏蔽的现象很严重,损失了不少流量,同时从快手向微信引流时,也存在被屏蔽的情况,而这些情况我们在活动的过程中并不知晓,严重阻碍了直播间与微信之间的传播和跳转。同时圈内参与者对快手的安装量不大,很多人停在了下载快手App这个环节上,因此没有办法参与或者匆匆一瞥就划走了。

三、三点心得

1. 一个人的力量太渺小,营销创新需要大家共同推动

虽然经历了这么多次活动,但是每次"搞大事"时我都还是感到非常焦虑的。那天直播因为是我的个人首播,加上连续多天没休息好,讲到最后情绪上真的有点控制不住。这次活动后我们收到很多有意思的提案,其中很多点子和思路的确不

错，如果企业愿意去尝试，也可能会玩出一些新的花样。我认为这种共创提案的方式在营销行业开了先河，企业的理念与用户的真实需求和用户的使用场景深度融合，才能产生适合企业的有效的营销方案。

2. 营销在每个时代都有其特色，要勇于走出自己的舒适区，低头前行

参与这次活动的不乏微信公众号大咖，为什么在微信上我们有很强的影响力，而换了新的平台就有点"水土不服"？抖音、快手火起来之后，常有人问我有那么多流量，那么会玩营销，为什么在抖音和快手上却没什么粉丝。通过这次活动我们也知道了，这么大规模的流量导到快手直播间，最终留存下来的也只有区区几千个粉丝。新的互联网工具和玩法出现后，我们要勇于走出自己的舒适区，重新出发。

3. 推手的力量

当前，越来越多的甲方开始考虑实际的营销转化结果。虽然信息展示、"洗脑"文案等高举高打的地面和传统广告仍然是重要的品牌打造手段，但我明显感觉到，个体流量正在崛起，简单来说就是"KOL和KOC们"的朋友圈、社群，或者是一个戳中受众痛点的短视频，或者是某个主播的直播间，都在改变着大众对品牌的认知，其潜移默化的转化能力也在颠覆

着人们对传统传播和营销的认知。

这次的"云提案"虽然有诸多不足,但是所产生的势能和影响已经足够验证我对个体力量作用的猜想。我曾经提出过营销上的"守门人效应":试想一下,如果一个推手运营着一个微信群、一个有上千粉丝的抖音账号、一个有上千粉丝的快手账号、一个有上千粉丝的小红书账号,以及一个有上千个好友的微信个人号,那么我要发动任何一场营销活动的时候,找到一千个、一万个这样的推手同时配合,传播效果还会像旧的传播方式一样"石沉大海"吗?"超级推联盟"就是一个这样的组织,我们想要的就是这样一群推手,勇于尝试这个时代的新玩法,愿意花更多的时间去研究流量和内容,希望打造自己的 IP,更愿意参与到我们每一次推广活动中。而我们也会给予每一个推手参与活动应有的回报。这就是"超级推联盟"成立的初衷,也是接下来我们要坚持做下去的事情。

我不想纸上谈兵,实操才有发言权,我愿意尝试所有可能让我"丢脸、失败、受挫"的新玩法,但我在做,你在看,这就是区别。时间是我们最大的敌人,时间也是我们最好的朋友。

8.7　百年糊涂大牌广告

从 2021 年 12 月中旬开始,广州、深圳等多个城市的朋友在街头发现了一些画风清奇的广告。

和以往广告屏上精致的 TVC（电视广告片）不同，这些广告的文案和设计明显"没有水准"，尤其是"自黑式"的文案让不少路人纷纷拍照传阅。

行业内卷严重
被逼无奈打个广告

写不出有灵魂的文案
只能老老实实花钱打个广告

出钱帮乙方打个广告
"甄妙甄妙，策划贼秒！"

朋友很快就猜出来这又是我的手笔，和当年《深圳晚报》的风格如出一辙。

其实这次营销有点随意，随意到我心中毫无波澜，为什么？因为所有的文案和画面都是在上刊前一天我才匆忙写下的。

就是在如此"漫不经心"的安排下，这几个户外广告却实现了线上线下曝光率倍增的奇效，距离当年《深圳晚报》"不懂为什么"体的广告那么多年了，这种简单、直白的方式依然有效。有人将这些广告的照片发到了微博上，结果在几乎没有任何推广的情况下，便轻松斩获近3000万的热度。

而在上刊当天，还有人在我的朋友圈不断留言，说看到了这些广告，这样的结果，既不惊喜也不意外，因为都在我的意料之中。

因为"意外"的逻辑永远有效：即在热点场景，出现令人意外的文案，以此带动话题的发酵和传播。在这个案例中我设置了三个"意外"：

1）行业热门话题内卷，被逼打广告。

2）暗借江小白的热度，老实打广告。

3）甲方居然花钱帮乙方打广告。

通过以上三个"意外"，从线下到线上，从话题引爆到引发兴趣，让用户完成从意外到好奇搜索再到主动传播的过程。

很多人希望我说得细致一点，下面我从策略（逻辑）、创意（文案）和传播（执行）三个方面，跟大家说说这次营销背后的一些思路和玩法。

一、文案只是技巧，传播逻辑才是策略

这个广告的三个文案（意外），看似简单、直白，但背后有我缜密的逻辑思考。

首先说说我在第一媒介上为什么选择街头广告屏。

一方面，现在的传播环境不用多说，平台越来越多，信息越是碎片化，线下传播就越有必要。

所以我就用了自下而上的传播逻辑，即让事件在线下发生，之后在社交网络上进行传播，制造让受众和行业感兴趣的话题内容，然后变成新闻，从而让大众进行传播和讨论。广告在线下，但真正的传播力和影响力在线上。

另一方面，我要用最大的屏幕展示最简单的文案，以此形成强大的吸引力和冲击力。

对于传统的 TVC 而言，很多人喜欢拍一个精致的短片，讲一个动人的故事，其中穿插各种运镜和炫技，片尾再放一个小小的品牌标识，这被认为是高级感的表现形式。

但在短视频泛滥的"二倍速"时代，别说 15 秒的广告了，前 3 秒不吸引人就会被略过。所以在街头的广告屏上，与其播放 TVC，不如放上静态的文案，让呈现方式更简单、

直接。

另外，线下同样信息泛滥，人们行色匆匆，如果用户扫一眼广告屏不能看到品牌信息，那这个广告屏就是无效曝光，所以"晚晚6点9，百年糊涂酒"这个口号一定要突出。

因此，在画面设计上，我们选择了纯红色背景，同时将文案的字号放大，就像一个门店招牌，一个画面就能清晰地传达信息，比复杂的设计效果更好。

总结：文案只是语言技巧，好的文案背后都有很强的传播逻辑。百年糊涂的广告逻辑就是用令人意外的文案，将复杂的品牌信息用最简单易懂的方式传播出去，让人记住品牌、搜索品牌。我看到微博和微信群中有很多人在讨论6点9是什么意思，这其实就是我想达到的效果。对于广东人来说，6点9的含义一看便知，如果不是广东人，很多人就会去百度搜索。我安排团队做了关键词预埋，去百度搜索6点9的话，搜索结果中就有品牌的文案。

二、创意简单化，文案年轻化

好的营销要学会借势。前面已经提到，三句文案分别借势热门话题（内卷）、热门品牌（江小白）、热门人物（乙方），对标三个意外从而分别借势。

首先是内卷。万物皆可卷，无论是白酒行业还是营销圈都不例外，每天都有无数的品牌想要做营销，广告信息无孔不入。传统的套路没人看，那就跳出固定的思维反着来。

"行业热门话题内卷，被逼无奈打个广告"用的就是反向逻辑。市面上的软文喜欢设置反转，把甲方藏着掖着，在3000字的软文后面安排100字的品牌信息，客户看着别扭，读者也反感，不如直接告诉读者我就是来打广告的。

其次是自黑。之前我在江小白"郑重声明"的营销分析中提到，自黑式文案采取的是与传统自卖自夸式文案背道而驰

的逆向思维。恰到好处的自黑能够拉近了与用户的距离，让用户感受到品牌的温度。

"写不出有灵魂的文案，只能老老实实花钱打个广告"是借了江小白的热度，本身是一种自黑。大家是不是已经对"江小白的有灵魂的文案"见怪不怪了？那么作为一家老老实实的传统酒厂，"写不出有灵魂的文案"反而让人眼前一亮。

大家会发现，这几句文案非常简单。只要逻辑捋顺了，只要花 10 分钟就可以写出来。

很多品牌在营销上费尽心机表达价值、制造悬念，但我想说，好的创意不必调动用户复杂的思考，而是要快速打爆品牌知名度和产品识别度。

在大众注意力稀缺的今天，创意要避免复杂化，要让受众不用思考就知道品牌想表达什么，这样的创意更加有效。

再就是制造意外，让创意破圈，驱动更大的传播。

如今的年轻用户喜欢能和自己玩到一起的品牌，而在品牌年轻化过程中最重要的就是营销年轻化。当百年糊涂这样的传统白酒品牌，以借势和意外的方式出现时，就会让年轻人群产生共鸣。

总结：好的创意往往都是简单的，用意外激发年轻人的好奇心，进而引发共鸣，以年轻化营销塑造年轻化品牌，最终目的是让品牌的感知力更强。

三、用意外制造话题,用社交逻辑驱动传播

传统媒体的广告更多是"广而告之";在人人都是自媒体的时代,广告更侧重传播环节,用好的内容和创意制造话题,让用户主动去传播。

这也是我做这次广告的传播逻辑。

户外广告屏是传统媒体,精准聚焦百年糊涂的老用户。但线下的曝光是有限的,先在线下制造事件和话题,然后在网上造势,让话题从 B 端传播到 C 端,以出乎意料的营销玩法走进了消费者的内心。可以说不怎么费兵卒,就能打一场漂亮的胜仗。

当百年糊涂的海报从线下被大家"搬运"到各大微信群和朋友圈时,这次营销才完成了发酵,才真正打通了各个圈层。

都说这几年做营销破圈很难,但我想说的是,要先入圈,再谈破圈。先打入一个圈层和人群,再让这个圈层和人群去撬动更大的群体,就能以四两拨千斤的方式去占领消费者的心智。

总结:优秀的创意内容是能够自主传播的,所以要用社会化传播的思维做创意,以社交逻辑驱动传播。

另外再说说两个感想。

1. 品牌广告不要害怕谈"钱"

不知道大家有没有和我一样的感受,就是现在用户对"广告"的包容度更高了。

以前大家看到广告就反感,现在已经见怪不怪了,甚至见你发广告有人会恭喜你"恰饭"。我觉得这是营销领域一个好的趋势,用户素质提升了,对商业的态度从排斥转变为包容甚至拥抱。

这也是我做这次策划的一个立足点,做广告不是做贼,坦坦荡荡表达我就是来打广告的。用户不仅不会排斥,甚至会为这样的意外鼓掌。

2. 甲方的信任是我最大的获得感

我发过一条朋友圈:当客户给我足够的信任时,我就会毫无保留地回馈,这种信赖,远胜过赚钱的快感!

做营销以来的一个感受是,甲方和乙方暗地里经常互相吐槽,我说你不懂创意,你说我不懂商业。但我想说,不是甲方不懂创意,很多时候只是沟通的缺位,你没有让客户看到创意背后的价值。在这里我必须感谢百年糊涂的大方和信任,有了品牌方的支持,我才能玩出"甲方花钱帮乙方打广告"这样的反传统营销。

如今的传播环境越来越复杂,但聪明的甲方知道只需负责对不对的问题,让创意人玩创意;而乙方主要负责好不好的问题,让创意的效果最大化。好的创意和营销,一定是能让甲方和乙方找到价值契合点的。